台湾／日本
連鎖するコロニアリズム

森宣雄 著

インパクト出版会

台湾／日本——連鎖するコロニアリズム　目次

まえがき──小著を手に取られたさまざまな方への案内

　ここ数年、書店で台湾に関する新刊本が並べられているのを目にする機会がとても多くなった。台湾は沖縄の島々のすぐ隣にあって、飛行機の所要時間はさほど変わりない。多くの旅行者が相互に行き来し、貿易や商取引もずっと盛んに行なわれてきた。だからこの関係の近さを反映して、台湾についての本や発言が、さまざまに現れてくるのは当然といえば当然である。それで書店にならぶ本を手に取ってみると、そこで出会う「台湾」は、多くの場合、「親日」的で、日本をほめあげ、アジアのリーダーとして日本が誇りを取り戻すことを鼓舞するような、そんな装いである。日本人が自画自賛でうぬぼれているのなら、おきまりの自己陶酔ですませられるが、書き手は日本の植民地統治時代をいくらかでも体験した台湾人であることが多い。前総統李登輝をはじめ、金美齢、黄文雄、それに司馬遼太郎『台湾紀行』（朝日新聞社、一九九四年）で案内役の「老台北」として登場した蔡焜燦といった名前は、この方面でおなじみのものだ。

彼／彼女らの書物は、戦後補償や歴史認識問題などをめぐる韓国や中国、東南アジアからの「反日」的な告発、およびそれに呼応する日本の「自虐史観」の双方に対する反論として、日本の保守論壇の一翼に配置され、歓迎されている。そして最近では、日本の保守派の論者がこれら「親日」的台湾人の主張を受け売りして、植民地における「かつての日本人の偉業」を確信をもって自賛し、日本と台湾の「運命共同体」としての絆を高唱するまでにいたっている。ベストセラーになった小林よしのり『新ゴーマニズム宣言SPECIAL台湾論』がその代表例である。

親日的な台湾と、反日的な韓国・中国。こうした対比はかなり以前から日本で言われてきたものである。他方で、それは一面的な旅行者の表層観察のたぐいにすぎず、台湾が親日的だといわれる背景にはいろいろ複雑な事情がある、そうした説明もまた、戦後日本の台湾認識の貧困と誤解をただすために古くから言われてきた。くわしくは本文であらためて述べるが、いま「親日的台湾人」の先頭に立って旗振りしている金美齢のような台湾独立派（台独派）の人びとも、かつては、植民地支配の責任を「頬かむり」した日本の保守派たちが、「甚だ手前ミソ」な「思い上がり」で植民地支配を美化し、台湾は親日的だといって台湾人を侮辱しつづける事態に憤慨し、誤解を改めて台湾認識をすこしでも深めるよう訴えてきた（第四章二参照）。ところが保守陣営のこうした手前勝手な思い上がりを批判し、ただす役割を自負してきた戦後日本の「進歩派」や「戦後左翼」、「進歩的知識人」と呼ばれてきた人びとも、これらの台湾人の訴えに耳を貸すことはほとんどなかった。実のところ、むしろ親日的な台湾と反日的な中国・朝鮮という安直な対比は、さもありなんと暗に首肯されてきたところがある。

戦後日本のいわゆる進歩的知識人にとって、台湾といえば蒋介石の籠城地、蒋親子が逃げ込んで軍事独裁政権を敷いている暗黒の世界だった。いずれ大陸の人民中国が取り返すはずの「神聖な領土」であり、それまでの間だけ「中華民国」を名乗っているが、本質的には中華人民共和国の一台湾省にすぎない。その軍事独裁政権の占領下にある台湾に関わろうとする者は、蒋政権を支持しているアメリカ帝国主義の手先か、「蒋総統の恩義」（第二次大戦の戦後処理で天皇を戦犯裁判から救い、対日賠償要求をみずから放棄したなどの「聖人

小林よしのり『台湾論』

伝説」）をかかげて蒋政権に取り入って利権をむさぼる日本の「親台派」、あるいは反共右翼しかいないはずだった。

東西冷戦の二極対立にもとづくこうしたレッテルのもとで、台湾に関心をもち、台湾について研究するといえば人格を疑われ、友人の縁を切るとまで言われた時代、それは遠い過去のことではない。大陸の側の「台湾回収」の意志がはっきりしている以上、そしてその正しさは疑う必要がないと思われる以上、蒋政権の下にある台湾人の意向や、その日本統治時代に対する複雑な思いなども、つまるところ究極的にはどうでもよかった。だから蒋政権打倒をこころざす台湾人の多数派が台湾独立による解放を志向して、大陸の人民中国を迎え入れることに否定的なのが現実の趨勢であるように見えたとしても、それは日本の植民地支配から戦後の国民党政権下にいたるまで、反共ファシズム政権のもとに置かれて反共宣伝に汚染された結果であって、取り合う必要のない錯誤にすぎないとされた（第一章一参照）。したがって、社会主義に対する理解や正しい民族主義の成長を阻害された戦後の台湾人が中国や朝鮮とは異なり親日的であるというのも、あやしむには足りない、そんな納得のしかたが一般的であったようである。

台湾についてよく知ろうともしないで、日本の中国侵略の犠牲者、蒋政権の不幸な屈従者とだけ括って、その地の人びとの人格や主体性を否定し、対等な人間として、まともな理解をなんら培ってこなかった。端的にいえば、この旧帝国主義支配者の側の傲慢な姿勢と知的怠惰のツケが、実はいま迫ってきている。

戦後日本においては、台湾をめぐる日本の植民地主義が根本的な清算のために本格的に取りあげられることはほとんどなかった。だが台湾においてはそうではない。植民地支配の崩壊直後から現在にいたるまで、日本の植民地主義の支配から内面的にも脱却するための模索は、ずっと取り組まれてきた。現在の「親日的台湾」の政治宣伝の中核にも、この植民地主義克服のための真剣な取り組みが、ある種の屈折をくぐり抜けた末に、たしかに埋め込まれている。信じられないというならば、本書をもうすこし読み進めてみてもらうしかない。日台関係史のさまざまな側面について研究と考察を進めた優れた書物は決して少なくないのだが、台湾と日本のあいだの植民地主義の現在にいたる展開それ自体について、具体的で深い考察を行なった研究は、これまで日本でも台湾でも目にしたことがないからである。

この小著はこの未開拓の領域に踏み込むための挑戦の書である。本書は金美齢や黄文雄といった在日台湾独立運動の闘士たちが、なぜかつての日本の植民地主義に対する批判を転換し、現在の「親日的台湾」の政治宣伝工作を行なうにいたったか、そこにはどんな権力闘争の論理が埋め込まれているのか、また日本の植民地支配を直接経験した日本語世代の台湾人たちが「日本精神」を語り、日本統治時代の歴史的意義を積極的に語るのはなぜなのか、そして台湾は親日的だということばに酔いしれて鼓舞された日本の植民地主義が、いま台湾と日本の歴史と現在に対してどんな暴力を発揮しているか、これらの問いに対して正面からの回答を行なう。そして台湾に対する日本の植民地主義の新展開それ自体だけでなく、それとともに進んでいる台湾の側における植民地主義の反復と再生産という現状に対しても、徹底的批判と介入をこころみる。その目的は、台湾と日本をむすぶ植民地主義の連鎖を断ち切ることにある。

本論のなかでも述べるが、在日台湾独立派のこれまでの歩みと現在の姿を規定し、他の台湾島内や在米の台独派との違いを際立たせている特徴は、ほかならぬ「在日」という点に発している。それは日本語世代の親日的台独派についても言えることで、その固有性はそれが「対日」だということに大きく由来する。彼／彼女らが面してきた「日本」、その台湾に対する認識と姿勢、実際の行動のあり方が大きく作用しているということである。その意味で彼／彼女らが日本と台湾の対面関係のなかで歩んできた歴史と現在は、戦後日本の歴史と現在そのものでもある。あえていえば、戦後日本における（旧）植民地関係史ということになろう。本書はその歴史—現在のなかにあるわたしたちは、いまどんな地点にいて、何をすることができるか、その実践を追求したものである。

なおあらかじめ付言しておきたいことがある。本書でわたしは在日台湾独立派の人びとの苦難に満ちた運動の歩みを歴史的にかえりみ、現在の政治宣伝戦略の背景を跡付けていくが、その路線転換を、変節ないし転向と呼んで批判するようなスタンスは一切しりぞけるということである。なぜこのことをあらかじめ断っておくかというのは、戦後左翼の側によく見られてきた、まさにこのような台湾独立運動（あるいは台湾の歴史）に対する表層的で安易な批判の姿勢こそが、本書が徹底して批判したい前提的論点のひとつだからである。もちろん公表された文章がどのように受け取られ、用いられようとも、筆者がそれを統御するような権利はないのだが、予想されるある種の受け止め方に対

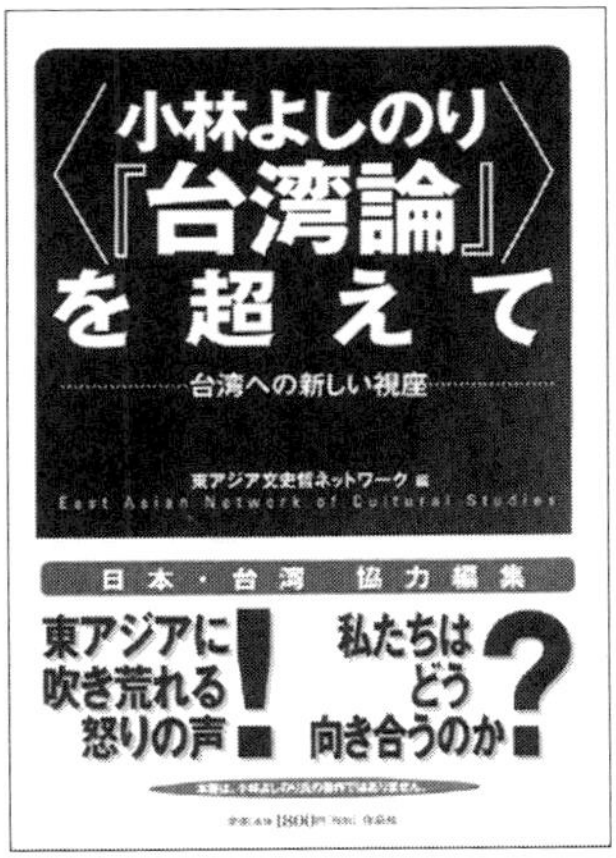

『〈小林よしのり『台湾論』〉を超えて』

してあらかじめ闘う姿勢を明示しておくことは、問題を提起し切り開こうとすることの責任を正面から請け負うために、必要なことだと考えている。

この本の成り立ちについても、ここですこし述べておく。本書は「日台共同シンポジウム〈小林よしのり『台湾論』〉を超えて」(二〇〇一年五月一二日、於東京大学)に提出したわたしの報告論文をもとに、それを大きく補訂したものである。このシンポジウムは、東アジア文史哲ネットワーク編『〈小林よしのり『台湾論』〉を超えて　台湾への新しい視座』(作品社、二〇〇一年四月刊)の出版記念として行なわれた。同書とわたしの関わりについては、本文の冒頭で述べることにする。ただお断りしておくと、同書が批判の対象として正面に据えている小林よしのり『台湾論』自体は、わたしは取り立てて問題にする意義はないと考えている。本書が問題にするのは、小林『台湾論』の主張を支え、その導き手となっている金美齢ら在日台湾独立派の言論活動の方であるが、この分析をもって、小林『台湾論』に対する根本的な批判は十分に果たされると考えるからである。

巻末には索引と本書の叙述内容に即した年表を付したが、これは本書を読まれる場合、なじみのない方面の人名や事項が既知の領域に介入してくることが少なくないかもしれないと考えてのことである。とくに索引では重要事項や人名に説明を行なっている箇所も示してあるので、必要な場合に参照してもらえれば、本書を読み進める一助になるかと思う。なお本書では通常の論文執筆の慣例にもとづき、筆者との個人的関係にわたる場合を除いて敬称は一切省略している。

本書の執筆は、わたしにとって驚くほどの短期間のうちに完成にいたった。その間、苦しみながら、それを上まわるよろこびと緊張感を身につめこんで濃密な時間を経験することができた。それは駒込武、崎山政毅、杉原達、冨山一郎の各氏からいただいた御教示と論議から大きな刺激と力を得ることで可能になった。またインパクト出版会の深田卓氏からはさまざまなご協力をいただいた。本書は〈いま・ここ〉で起こっている現在のできごとと、およそ六〇年ほど前の戦争の時代、三〇年ほど前のいわゆる激動の時代を行きつ戻りつする作業において成り立っている。三〇年ほど前といえば、わたしが生まれた頃のことだから、その時代について経験はもちろん、知識も、わたしはほとんど持っていなかった。感慨も、直接にはない。それを〈いま・ここ〉でのできごとから遡って歴史として受けとめることができたのは、わたしより先に生まれ、あるいはその時代について見知っている、上記した方々などから、いろいろなかたちで頂いたことばと触発、そしてその時代のすがたを伝える諸々の資料のおかげである。すべての記述の責任はわたしにあることはもちろんだが、本書はここ五年ほどのあいだ、上記の方々や、いまお名前を挙げない幾人かの方々との共同作業のなかでわたしが与えられてきたものを、いま可能なかたちで表現した成果である。何義麟、坂元ひろ子、松永正義の各氏からは前記の報告論文に対して適切で貴重なコメントをいただいた。報告論文の作成から本書の完成にいたるまで、大変に急な仕事になったため、上記の方々のほか、丸川哲史氏をはじめ東アジア文史哲ネットワークの方々、前記シンポジウムの関係者、陳光興氏をはじめ『台湾社会研究季刊』編集委員会の方々にはさまざまに御迷惑をおかけしたが、貴重な経験を与えていただいた。

記してこれらの方々に感謝の意を表するとともに、小著の刊行をまたひとつのできごととして、緊張感のある、たのしくなるような共同作業がさらに展開し、新たにひろがっていくことを願ってやまない。

そしてこの間の歩みを支えられた呉瑞雲、森悠樹、森和亮、森冨喜子にもこの場を借りて謝意を表したい。小著はこれらの家族に献げる。

第一章　戦後左翼の宿痾と憎悪

はじめに

「まえがき」でもすこし触れたが、本書の執筆は、東アジア文史哲ネットワーク編『〈小林よしのり『台湾論』〉を超えて　台湾への新しい視座』（作品社、二〇〇一年四月刊。以下『超台湾論』と略記）の出版にこたえて、同書の残した問題点を指摘しつつ、わたしなりの立場で新たな台湾研究の取り組みを実践しようと試みたことから始まった。

わたしは同書の執筆・編集には関わらなかったが、インターネット上のフォーラムとしての「東アジア文史哲ネットワーク」には参加し、そこでの同書の準備段階における討論には参加してきた。その討論のなかで、わたしは同書の執筆編集には参加しないが、そこで積み残された課題に取り組む作業には、刊行後取り組んでいくことを約束した。本書はその約束にこたえ、また『超台湾論』が切り開いた、台湾認識／研究をめぐる日本―台湾の双方向的な討議の空間をより豊かにし深めるために、まとめたものでもある。こうしたいきさつから、まずは『超台湾論』に対する批判的検討をとおして、本書の課題を説き起こすことにしたい。

『超台湾論』は、小林よしのり『新ゴーマニズム宣言SPECIAL 台湾論』(小学館、二〇〇〇年一一月刊。以下小林『台湾論』と略記)への批判をモチーフに据え、全六章にわたり三三人の執筆者がその人数以上の数多くの項目を立てて多角的な検討を行ない、多くの論点を提示している。ところが、にもかかわらず小林『台湾論』を支えていると考えられる肝心かなめの問題に対して正面からの検討がなされていない。それは第一に、おおむね元日本兵としての経歴をもち、いわゆる皇民化運動の時代(一九三七—四五年)に自我形成期が重なった世代(「日本語族」とも呼ばれる)の親日派台湾人、第二に在日台湾独立運動の運動家、この二つのグループの人びとが、小林『台湾論』が生み出されるにあたって、単なる導き手や情報提供者以上の役割をはたしたことに対する検討である。具体的には前者は李登輝、蔡焜燦、許文龍、後者は金美齢、黄文雄を指す。小林『台湾論』を読めば、同書がこれらの人びとの存在なしにはありえないことは一目瞭然であろう。

たしかに『超台湾論』に収められた論稿では、これらの人びとについての言及が分散的に行なわれているが、彼らの具体的な役割と言動に即したかたちでの検討は深められていない。わたしの見るところでは、小林『台湾論』における歴史解釈と主張それ自体はなんら目新しいものでなく、上記の人びとの主張の受け売りであり、また名越二荒之助・草開省三編『台湾と日本・交流秘話』(展転社、一九九六年)など展転社の出版物が行なってきたものの焼き直し、あるいは〃絵解きもの〃にすぎない。むろん小林自身の創見はなくても、その行ないには批判検討すべき独自の役割と文脈があり、これに対する批判は『超台湾論』でも主題的に取り組まれている。だが小林が『台湾論』ではたしている役割を正確に捉えるためには、上記二グループの人びとが小林をとおして何をしようとしているかが具体的に明らかにされねばならない。このような観点からすれば、上記の欠落した問題点は小林『台湾論』に対する批判の書として致命的な欠陥となりうる。(1)

小林『台湾論』への批判を単なる小林叩きで終わらせるのでなく、書名にある「小林よしのり『台湾論』を超えて」「台湾への新しい視座」を構築する段階に進もうとするならば、その核心にあるこれら親日派台湾人の存在と在日台湾独立運動の現状について、正面から向きあう作業が不可欠である。そしてまた、この作業に踏み込むためには、これまで彼/彼女らがどんな道を歩んでいまにいたったか、戦後日本社会との関わりを、日本統治時代の経験を踏まえつつ顧みる必要がある。とくに彼／彼女らの現在の活動が戦後日本の左派陣営における台湾認識の貧困に対する批判から、保守派への加担に転回する性格をもっていることを直視しなければ、現状から一歩も進みえない。これから第一章で述べるように、戦後日本の台湾との関係性は左派の台湾無視・黙殺と保守派の利用主義の構図が大きな特徴をなしてきた。この情況にあって前者の左派の役割に対する批判を抜きにして小林批判を行なうならば、むしろ小林『台湾論』を成り立たせている左派の台湾無視と保守派の利用主義の構図を反復するだけの結果に終わりかねないのである。

よって本書では、まず第一章で戦後左翼の台湾問題認識、およびそれと在日台独派の関係をかえりみたうえで、これと相関関係にある在日台湾独立派の最近の政治宣伝戦略と歴史文化論（第三・四章）、およびその戦略が取られるにいたるまでの在日台湾独立運動の足跡（第二章）について検討し、そのうえで第五章では、いまその政治宣伝戦略のひとつの帰結として生まれている、日本の保守派の台湾をめぐる植民地主義の新展開に対する批判を行なう。そして終章では、この歴史的経緯のなかで在日台独派において反復・再生産されている植民地主義から脱却する実践を多角的・具体的に考察／提示して結びとする。

1　戦後左翼と台湾人抑圧

『超台湾論』のなかで在日台湾独立運動について唯一正面から論じたのは、小林よしのり批判で著名な上杉聰の論文「「台湾独立」を「戦争」へ利用したい小林よしのり氏」であったが、そこでは次のような断定が記されている（一九一頁）。

台湾独立運動は、日本の植民地支配に寄生した台湾の旧勢力（金美齢氏もその一人）が重要なその一部をなしてきた。彼らが日本時代を良く言うのは当然である。

また「台湾独立派というものの出発は、日本の植民地支配下で利益を得てきた階層が、蒋介石の支配によって既得権を奪われ、日本に逃げてきて始めたことにある。たとえば台湾独立運動の元祖と呼ばれる廖文毅は大地主の息子であった」として、「これが一九六〇年代の在日独立派の中核」であったとされる。ここには在日台独運動に対する事実誤認と、それに付随した誹謗中傷がふくまれている。

廖文毅著『台湾民本主義　フォモサニズム』台湾民報社、1956年刊。初期の台湾独立運動で「聖典」と呼ばれた。注（4）参照。

たしかに一九五〇年代までの出発点においては、ここでいわれる旧勢力が台湾独立運動の中核をなしていたといえる。第二次大戦後の台湾の歴史に決定的な影響をのこした四七年二月の二二八事件(2)が、やはり台湾独立運動においても原点になった。二二八事件は戦後に台湾の接収にきた中華民国の国民党政府（以下「国府」とも略記）に対する台湾人（本書では広義の意味で、福建南部系、客家系の漢族台湾本省人を指すことばとして用いる）(3)の側の大規模な反乱―鎮圧事件である。このときの逮捕・殺害をまぬかれて海外に逃れた反国民党政府の台湾知識人たちは、廖文毅(4)を中心に四八年に「台湾再解放連盟」を香港で結成、国連による台湾の信託統治や住民投票による台湾の独立ないし帰属の決定を主張した。その後廖は五〇年に来日し京都で台湾民主独立党を結成、五六年には東京で「台湾共和国臨時政府」の樹立を宣言し、その「臨時大統領」を名乗った。この臨時政府が五〇年代までの旧勢力による独立運動の中心となっていた。

だが六〇年代に入ってからこれらの陣営では個人的権力願望に根ざした主導権争いの内紛と指導者の投降などが続き、組織的にも運動としても内実は空洞化していった。六〇年代以降の海外台独運動はそうした旧勢力を否定し、袂を分かった新世代の日本留学生、王育徳、黄昭堂らを中心にした台湾青年独立聯盟（台独聯盟）が、日本語の機関誌『台湾青年』を中心に理論面でも組織面でも中核となって運動を展開したもので、第二期在日独立運動とも呼ばれる。くわしくは次章で見ていくが、金美齢もこの台独聯盟のメンバーであって、旧勢力の台独運動との関係はまったくない。また生家の階級的分類によって運動の内実の評価が下せるとするのは、一面的な偏見にすぎない。

上杉の台独派批判は、かつて戴国煇が行なった台湾独立運動の成立基盤についての分析が拠り所とされているのかもしれない。戴は第二次大戦後に国府が台湾で行なった農地改革によって既得権益を大幅に失った中上流地主層の不満が、独立運動の階級的経済的な基盤となったとしている。(5) たしかにこの分析は第一期の在日独立運動に対する分析として有効なものである。国府の側もこの点は了解しており、たとえば廖文毅は郷里の財産を没収され、海外生活の経済的窮迫に追い込まれたところで、資産の回復、名誉と地位の確保の誘いを断れず、一九六五年に投降するにいたった。

だが第二期在日独立運動およびそれ以降に台湾内外で民主化運動を主導した後続の新世代は、親の資産や家族の縁さえ断ち切る犠牲を払って運動継続の道を選んだ。独立ないし民主化運動を行なって重刑判決を受けた場合、生活費を除く家族の全財産没収の処分がつねに併せて決定されていた（国府支配下の台湾では、政府批判の言動がすこしでも知られただけでも重刑に処された）。にもかかわらず、戴が指摘したような階級的利害関係の論点は、独立運動がつねに単なる階級的既得権益の回復のための運動であるとの誹謗中傷を支える論拠とされ、そこから売弁志願、アメリカ帝国主義の手先などのレッテルが引き出されてきた。だがそれは独立運動が四〇年代末から五〇年代にかけて成立する時期の階級的基盤を指摘したものであるにすぎず、それが六〇年代以降も継続され階級の範疇を越えて幅広く展開されていった事態を分析するものでは全くないのである。

海外で活動する者たちの場合、高名な有力者以外では、欠席裁判を受け即座に資産没収となる例は多くなかった。とはいえ後述する強制送還の危機に面していたうえ、また郷里の家族はさまざまな圧迫に日々さらされ、弾圧によって引き裂かれることが少なくなかった。上杉の論稿で暗に批判の標的にされている金美齢について知られているところをいえば、独立運動のメンバーであることが発覚して以来、郷里の病身の父の許に特務機関の者が頻繁に現れ、脅しと嫌がらせをくり返し、無理に書かされた帰国を命じる手紙は数十通にのぼった。そして父は「特務にいびり殺され」るようなかたちで心臓発作で亡くなったが、金はむしろ「美齢に殺された」という非難の言葉を身内の者たちから浴びねばならなかった。(6)

上杉の記述に見られる事実誤認と偏見を個人の問題として取り扱うのは適切とは思われない。このような偏見は戦後日本の左派、あるいは進歩派と呼ばれてきた論壇で流布し共有されてきたものであり、それを放置してきた積年の構造的な矛盾にこそ目を向けねばならないと考えるからである。

戦後日本の左派知識人が在日台湾独立運動に対して支持不支持の問題以前に、まずまっとうな理解を持てなかったことには、もちろんそれなりのいきさつがある。蒋介石逃亡政権が「中国」を詐称し、日本の保守政権がそれを支持していたこと、台湾＝蒋介石との単純なイメージから台湾人は蒋政権を支持していると誤認したこと、台湾独立運動はアメリカの後押しで「二つの中国」を固定化して中国を分裂させる工作だと判断したことなどが背景にある。しかし無理解をもたらす固有の事情を抱えていたにしても、残虐な蒋政権の圧制を倒そうとする台湾人の民主化要求に対してさえ、その正当性を否定してきたことは、どこまでも厳しく批判されなければならない。台湾の民主化が定着段階におよんだ現時点では、もはやいまさらの感も拭いきれないが、現在の日本の論壇における台湾論議が、ここに根の一つを持っていることは疑いない。無視を続けたまま偏見を残させるわけにはいかない。

その一例を挙げれば、独立派が住民投票による蔣政権の打倒を主張したのに対し、一九六一年に西野英礼は「独立の票が多数を占める」情勢にあることを理解した上で、次のように述べている(7)。台湾人は長く植民地化され、日本統治時代から第二次大戦後においても反中国・反共の虚偽宣伝だけを聞かされてきた、だから「長年そうした不幸の状態におかれてきた、またおいてきた台湾の住民に、意志をきこうなどといっても、意志の尊重ではなく、蔑視だということである」。かりにこの判断を是認したとしても、問題当事者の意志を問うことが「蔑視」だという結論には無理と飛躍がある。ここには論理構成の前提の一段が省略されている。それをはばかりなく補って言うとすれば、おそらく中華人民共和国への支持表明や「反米の声がひとつもきかれない台湾人には、自己解放の能力がない(8)」ということであり、帝国主義の隷従者たちの意見は汲み上げて参照する必要もないということであろう。それだけでなく、むしろ彼らの意志を問うことは、こうした「不幸な状態」を自発的に長引かせる結果にしかならない、だから住民投票は「蔑視」（の継続）を結果するということなのだろう。

こうして「蔑視」ということばの意味を横暴に転倒させてまで、台湾独立の可能性を封じていくのは、西野によると、中国に対する「日本の侵略を反省」し、台湾問題を「あくまで内戦として解決し、世界大戦にはしまいとする平和を守る原則」に基づく判断だという。台湾住民が意志を持つことそれ自体が、日本や世界の平和のためと称して否定され、隷属者の位置を割り当てられていた。

これはまったくの御都合主義で、もし台湾人の意志が中国との統一に向かっていたならば話は逆になるだろう。だがこの時点では戦前

王育徳『台湾』弘文堂、1964年刊。第2期独立運動の代表的な台湾史の通史。日本の中国研究者からは「台湾の歴史を知るのによい本」だが「結論は反中国」であり、「巧妙なだけ、たちのわるい悪書」だと評された（新島淳良・野村浩一編『現代中国入門　何を読むべきか』勁草書房、65年）。

からの台湾共産党の幹部、謝雪紅（台湾民主自治同盟主席）が二二八事件後中国に渡ってから台湾の自治を主張し、五七年以降の反右派闘争で「地方民族主義者」との罪名で粛清されたことが知られるようになっており、王育徳らはこの衝撃から六〇年に『台湾青年』を創刊し活動を開始していた。かつて五〇年代半ばまで左派に与し、謝雪紅と同志的連帯感をもっていた王は、謝の粛清を聞いて「今や中共は「台湾解放」に台湾人の呼応を待つ望みを完全に断ってしまった」、台湾解放の目的は「軍事価値に垂涎した帝国主義的野心以外のなにものでなかった」と断じ、「もし共産党が台湾を解放すれば、また二・二八が起こる」（元台湾民主自治同盟幹部江文也の言と伝えられる）との確信のもとに独立運動を始めた。[9] いまでは中華人民共和国が建国以来、少数民族や民主化の問題にかかわり、おびただしい弾圧を重ねてきたことを否定する論者は減ってきているであろう。しかし前述の西野英礼はこうした懸念は「笑止の沙汰」だとして、「植民地的精神の破壊の発想で解放を主張する中国」を対峙させ、独立につながらざるをえない可能性のある台湾の民主化を否定したのであった。

冷戦下の厳しいイデオロギー対立によって思考が硬化していた情況は理解できる。だがそうであれ、戦後日本の左派陣営に一般的であったこのような中台統一論は、その陣営の平和主義の裡に温存されてきた植民地主義の現れであるというべきであろう。

中国との統一こそが台湾人の幸福であるとする論理は、単に思想的に台湾独立運動に対立し、それを否定したのではない。問題はそのイデオロギー対立に基づいて台湾人の人権が黙殺されてきたことにある。日本に渡って国民党政府批判を行なった在日台湾独立運動の活動家は、国府と結託した日本政府によって台湾に強制送還される危険につねに身を接していた。『超台湾論』所収の太田昌国論文「台湾の、ある女性の記憶」で紹介されている台湾人留学生の劉彩品に対する支援運動（一九七〇年六月〜）は、劉が国府批判から来日後に毛沢東の中国支持の立場を取り、中華民国のパスポート更新を拒否して日本に滞在する権利、政府選択の思想の自由を要求するという特殊性が、当時の日中国交にむかう趨勢のなかで理想的な政治的条件を満たしていたことから、支援の輪が広がる必然性を前提的にもっていたものだといえる(10)。だが反対に、在日台独派の留学生、林景明からの必死の救援要請は、左派陣営においておおむね無視されつづけた。

林は国府批判のために一九六二年に農業視察の名目で台湾を脱出、日本に渡って学校を転々としながら、台湾独立のための実力闘争、「独立軍」の結成を呼びかけるなど独自の独立運動を展開した。その間、みずからがかつて戦時中に学徒出陣し「日本国民最高の義務を果たして」いる「生まれながらの日本国民」であったことを根拠に中華民国への国籍変更に異議を申し立て、政治亡命者としての処遇を入管当局に求めたが、二度の一年半にわたる大村入国者収容所への収監、入管係官との乱闘、潜伏、仮放免をへて、七〇年三月末にはもはや最後となるはずの退去強制の期限を迎えようとしていた。この「極限状態」のなかで、彼の境遇に理解をもった編集者の協力を得て、林はこれまでの経緯を書きつづった著書『知られざる台湾』を七〇年一月に公刊した。そこでは旧植民地人など在日外国人に対する入管の差別的暴力的な管理体制への告発が激しく行なわれており、彼は入管の「心証」を完全に敵にまわし、日本の世論、とくに六九年三月に国会に提出された出入国管理法案をめぐって入管闘争を開始していた日本の左派陣営に対して、救援を求めたのであった。(11)

劉彩品支援運動の先頭に立ったプロレタリア文化大革命（文革）支持派の中国研究者、新島淳良は「ハッキリ林景明さんを差別していた」心情を後にこう述べている。

そして、林君を台湾人であると思った。そこで、かれが日本の入管令によって強制収容され、現在なお仮放免中であって、いつ死刑のまっている台湾へ強制送還されるかも知れない身であることを知り、同情しながらも、「台湾独立運動家を助けるわけにはいかない」「台湾独立運動はアメリカ帝国主義の手先であると八億の中国人は考えている」「八億の中国人と仲よくするためには林君を支援できない」というように考え、この〔林景明の――引用者注〕本に感動しながらも、何もしなかったのである。

だが私はこの本を全然読んでいなかったのだ。

林君がこの本で読者に伝えたかったことはただ一言「私を救けてくれ」ということではないか。[12]

林景明『知られざる台湾』三省堂、1970年刊。本書の出版と同時に林は東京地裁に「政治犯不引渡（退去令取消）訴訟」を起こした。

日本は国府からの独立運動活動家など政治犯の送還要求に応じた世界で唯一の国家であった。黄昭堂をはじめ、幾人かの台独活動家はこの日本政府の行為の背後に、植民地支配以来払拭されない日本社会の台湾人蔑視がひそんでいることを指摘している。[13]

一九六八年三月、台湾青年独立聯盟の活動家、柳文卿は東京入管に仮放免の期限更新のため出頭したところ、身柄を拘束され翌朝一番の飛行機で台湾に強制送還された。[14] 国会での入管局長中川進の答弁によると、彼は国府が受け入れを拒んでいた麻薬犯など刑事犯罪者を引き取る代償（麻薬犯二〇人に対し一人の政治犯の交換レートといわれる）として、提供されたようである。これ以前にも、六〇年に国民党軍の兵器庫を爆破して日本に逃れ、事情を説明して特別在留許可を求めていた呂伝信が六七年三月に仮放免を却下され、強制送還を告げられたため、出国前日に横浜入国者収容所で自殺する事件があった。また同年夏に帰省した二人の東京大学の留学生、劉佳欽、顔尹謨は日本での反政府言動を理由に軍事法廷で死刑判決を求刑された。[15]

柳文卿事件と同時期には、さらに複雑な事情をもった強制送還事件も起こっていた。ハワイ大学留学中にヴェトナム反戦運動に関わった親中国派の台湾人、陳玉璽は国府から留学継続を却下され、日本に渡って大陸支持派の東京華僑総会や日中友好団体の支援を受けていたが、六八年二月に人知れず台湾に強制送還され、叛乱罪容疑で軍事法廷の監獄に投獄された。支援していた華僑総会幹部は本人の自由意志による帰国だとして、むしろ「C

ＩＡのスパイだ」との噂を流し、さらには救援に動かないのは「陳君は台湾人だから」と答えた。真相は現在でも依然として不明のままである。だがその背後には東京華僑総会幹部と入管の結託があり、そこからさらに、中国貿易で華僑総会と関係の深い日中友好協会（正統）、社会党へと、この強制送還事件をもみ消そうとする工作が広がったといわれる。入管との癒着に関しては、華僑総会の内部で主に台湾出身者から、真相究明と陳事件の再発を防ごうとする「造反」の動きが一部広がった(16)。だが「陳君は台湾人だから」という切り捨ての論理は、単なる入管との癒着ではすまない別の問題性を帯びている。そこには当時の大陸側の台湾人に対する不信が影響していたのかもしれない。文革全盛期の中国では台湾出身者への攻撃が拡がり、約二万人のうちの大多数が闘争の対象に引き出されたといわれる(17)。隠棲していた謝雪紅も、一九六八年に引き回

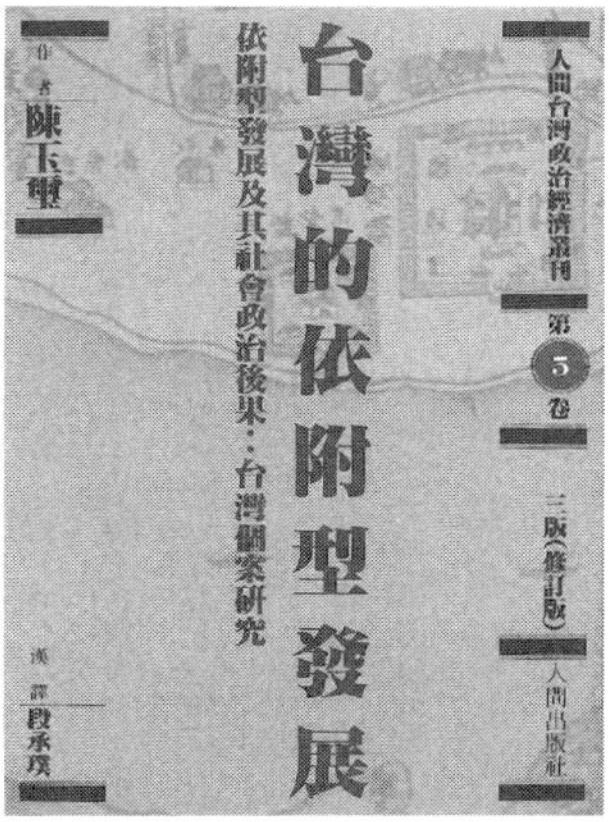

陳玉璽『台湾依附型発展』人間出版社、1995年修訂版刊。強制送還、入獄、特赦出獄のあと陳玉璽が研究者として奇跡的に復活をはたし、1981年にハワイ大学に提出した学位論文を中国語訳して出版したもの。注（16）参照。

され殴打され、この時の傷がもとで二年後に病死した。

陳玉璽事件は日本国内では黙殺されようとしていたが、アメリカでは大規模な救援活動が、留学時の知人からハワイ選出連邦議会議員、アムネスティ米国本部などに広がり、この圧力を受けて、陳は当初の事実上の死刑求刑から叛乱罪の最低刑の懲役七年ですんだ。日本では親中派の妨害を背後から受けながらも、個人レヴェルで「陳玉璽君を守る会」が救援活動を展開した。この事件で台独聯盟は、立場を異にしても「台湾人の人権を守る観点から陳の救護活動に協力する」と声明して、一方の中心的役割を担った。[18]

このような在日台湾独立運動家の日台両国にまたがる人権侵害状態を、進歩派を自任し、ヴェトナム反戦脱走兵の亡命救援活動を活発に展開していた陣営が無視しつづけたことは、それ自体問題であるが、そこからさらに、林景明の主張が「平和運動家の偽善を告発する」ものとして保守派の論壇に歓迎され、その側面においてのみ利用されるという事態をもたらした。[19] 利用だというのは、保守陣営の側は台湾問題をめぐる平和運動の偽善と限界を批判しても、みずから入管問題や国民党政府の弾圧に対して行動することは、まったくなかったからである。林景明ら在日台独派の人権問題は、左派の台湾無視・黙殺と保守派の利用主義のはざまで放置されつづけてきたといえる。太田昌国が『超台湾論』で述べる、

「戦後左翼」あるいは「進歩派」が等閑視してきた問題領域が歴史偽造派たちに占拠されている事態というのは、こと台湾問題に関してはいまに始まったことではなく、すでに三〇年来の宿痾となっているものである。また国府と日本政府が結託して独立運動を弾圧するのを許したがゆえに、その見せしめによって在日台湾人・台湾出身華僑全般に国府批判の口を封じ込ませる言論統制に、意図せずして協力し、彼／彼女らを挟み撃ちする役割をはたしてきた事実をも、戦後日本の左派陣営は受けとめねばならない。

そしてこの宿痾に対する怒りは、本書第三・四章に述べる金美齢ら現在の在日台湾独立派の政治宣伝戦略の根幹部に根付いているものであり、この点を外した在日台独派批判は、無節操と言わざるをえない。

なお彼女らの戦後左翼に対する批判の中心点には、中台の統独（統一／独立）問題に対する姿勢がこの台湾無視の宿痾と不可分に結びついているという主張がある。これは一九七二年九月の（事実上の）日中国交樹立にいたるまでの戦後日本の中国認識など、相当に複雑で大きな問題に関わるので、それ自体を主題として検討する必要があるものである。だが六〇年代末以降、日中国交問題に合わせてなされた「台湾問題の処理」をめぐる論議は、これ以後、現在にいたる在日台独派の論理を理解するうえで落とすことのできない決定的な意味をもった。九〇年代後半以降、在日台独派を代表するものとなった金美齢、黄文雄らの議論は、実はこの一九七〇年前後の台湾論議のなかに胚胎し、いま開花するにいたったと言えるものでもある。

現在固着している台湾論議の背景を解きほぐし、理解を進める観点から、七〇年前後の台湾論議と在日台独派の関係について、以下に若干の検討を行なっておきたい。

2 日中国交における「台湾処理」と見失われた「原罪」

一九七一年元旦の『朝日新聞』は「政府の基本姿勢いまこそ転換を」と題する日中国交正常化の提言（以下「朝日提言」と略記）を大きく掲載し、これ以後国交樹立にいたるまで国内世論を主導する大キャンペーンを展開した。その提言は北京政府を唯一の中国政府と承認するだけでなく、それに合わせて「台湾は中国領土の一部」だと明確に定義し、「中国の内政問題」として台湾問題を処理すべきとする内容であった。この提言とキャンペーンは、日本のマスコミの熱狂的な「中国ブーム」を主導する一方、日本政府が中国との国交正常化の際に、他国より踏み込んだ表現で、台湾問題に対する北京政府の「立場を十分理解し、尊重する」と述べたことに影響があったともいわれる（他国の場合はおおむね「認識する」との段階にとどめた）。

六〇年代末からこの時期にかけて、日本の台独聯盟はこれら朝日新聞社の論説と報道を最大の論敵として批判し論争を挑んでいた。当時『朝日新聞』が日本の世論形成に占める位置と役割は、古くからの伝統的権威に加え、この変革の時代にあって、いまでは想像しがたいほど大きなものがあった。台独聯盟がくり返し論争を挑んだのは、この「大朝日」の力に対抗する必要性があったことも確かだろうが、それだけではない。後述するように、「戦後の新生日本のすべての価値」[20]を代弁する左派論壇のオピニオン・リーダーであるからこそ、在日台湾独立運動の信念と存在理由をかけて、論争が挑まれていたのであった。

台独聯盟は朝日提言に対し、北京政府を唯一の中国政府とすることに異存はないとしつつも、提言が台湾の帰属決定に踏み込んだ点に抗議した。[21]朝日新聞社においては、この領土規定の部分は国民党と共産党の両中国政府の共通理解を踏襲したにすぎないと自覚されていたかもしれない。だが、この両政府の共通認識と支配をともに拒もうとする運動が、弾圧されつつも台湾住民の間で一定の支持を得ていることを無視し黙殺する判断（またはそれをよしとする姿勢）が、この提言の前提をなしていたことは疑いない。日中国交正常化と台湾問題の解決は本来別のことがらである。にもかかわらず国交樹立に付随させて台湾問題の処理を提言したことは、国府を承認していた段階から日本政府・マスコミでとられてきた台湾住民の意向に対する無視と黙殺を、さらに今後も強化していこうとする意志表明の意味を持ってもいたのである。

実際、朝日新聞社は台湾人の意向を無視した。この提言に対して台独聯盟は公開質問状を『台湾青年』や雑誌『自由』一九七一年六月号に載せ、同社にも送付し、また多くの独立派の在日台湾人が、提言にかかわる当事者として同紙に投書を行なった。だがこれらは一切黙殺され、日中国交とそれに合わせた「台湾処理」に同調する日本人の投書が連日紙面に飾られるだけであった。(22)

六〇年代末以降、国連における中国代表権交代が時間の問題となる国際情勢のなかで、日本の左派論壇では日中国交・日華断交に合わせた「台湾(問題の)処理」が頻繁に論じられた。そこには他国にはない日本の歴史的因縁が反映されていたといえる。すなわち、中台の分裂は日本の侵略(日清戦争)に端を発したという歴史的前提から、日中戦争にいたる侵略の贖罪、未完の戦後処理の課題のひとつとして、あらためて台湾を中国の領土として確認し、問題解決を望む立場が取られた。たしかにこれは歴史が残した問題に対する応答のひとつといえる。しかしこの判断と立場を是認したとしても、そこで抜け落ちる問題があることは誰しも否定できないであろう。日本の中国への侵略の問題は、(二つの)中国政府とのあいだの問題であるが、台湾の植民地支配をめぐる責任は、直接に植民地支配下に置いた台湾住民に対して第一義的に負っているということである。

侵略の責任と、割譲地における植民地支配の責任は、相わたる問題であり厳密に切り離すことのできないものである。だが、だからといって両者を一つに処理するのでは、後者の問題性が見落とされ、両者の複雑な連関性の存在それ自体が隠蔽される結果になることは避けられない。すなわちそうした場合、台湾の植民地支配をめぐる責任の問題は日中戦争をめぐるそれに覆い隠され、結局、台湾の住民は割譲された時と同様の一方的な国家の領土の付属物としての処分をあらためてくり返されることになるのではないか。そして決定的な問題は、植民地支配(ないし植民地主義)において事実化された帝国主義と膨張主義によってこそ、全面的侵略戦争への道が切り開かれるという事態の内在的歴史的な経緯が視野から外されるとともに、そこで清算されえなかった植民地主義とその遺産が戦後においても旧帝国の内と外で多くの苦しみを生みだしつづけていることの問題性が、そこにおいて否認されることにある。(23) このことの深刻な意味を受けとめるために、本書の結論的論点と先行的に結びつけていえば、第二次大戦後の植民地解放後、ただに旧帝国内にとどまらず旧植民地の側の解放運動においても植民地主義が再生産され、両者が連動するという事態は、この旧帝国の側における植民地主義の否認—継続を不可欠の環として起こっている。

日本と中台のあいだのこうした複雑な問題に関して、一九七一年末に金美齢はこう述べている。一方には大陸中国の台湾回復の絶対的要求があり、一方には国共両政府の支配を望まない者が多数派を占める台湾の現実がある、「このジレンマに直面しなければならないという点において、台湾人に対する日本の真の「原罪」がある」と。金ら在日台独派は、左派ないし日中問題に誠実に対処しようとする日本人が、中国との関係から台湾独立を支持できないことを理解していた。だが、だからこそ同じように、五〇年の植民地支配で苦しめてきた台湾住民の要望に配慮して、中国の台湾回収要求にだけ加担することもやめてもらいたいと主張していた。それは、彼女らにとって、戦後すなわち植民地支配後の「新生日本」の「良心」に対する問いかけとして提起されていた。[24]

台独聯盟の幹部の一人、周英明は在日台独派の「左翼」に対する想いの深みを次のように説き明かしている。現状維持が保守主義の本質的体質であるならば、「現状打破を意図する台湾独立運動は、現在蒋政権と深い利害関係で結ばれている日本の保守陣営に取って好ましくないのが当然であり、われわれの方でも彼等に期待することなどあまりない」。だが左翼というものは、「何にもまして人間を、その存在の権利と自由を根本的《ラディカル》に考え、そのような視点が優先する社会を作る為に自分で努力する一方、隣人の同じ努力に対して協力を惜しまない誠実な人達」であるはずである。だから「蒋介石の独裁政治体制の下で抑圧され、苦しみながら一生懸命にそれとたたかっている台湾人に、人間的共感を覚える筈であり、当然台湾独立運動の味方だと思っていた」。しかるになぜ日本の左翼は大陸中国の主張する「固有の領土」論や「血統」にもとづく前近代的な帰属論、そして十分な根拠を明示しえない「ＣＩＡのスパイ」などのレッテルを受け売りし、台湾人の自決権を排除するのか。独立論を正面から論破しないかぎり、それは対中国事大主義を本質とする「ニセ左翼」「インチキ左翼」であって、その「下劣さは人間の風上にも置けない」と[25]。

このような激しい非難がなされる理由については、あまり贅言を要しないだろう。人間の存在の権利と自由をめぐる信念は台湾独立運動を支える解放の理念であり、それを唯一共有しうるはずの存在がその理念を裏切っていると目されるがゆえに、それに対する憎しみもまた根底的な激しさをもつ。見方を換えていえば、この左翼からの攻撃こそが、台独運動を支える信念に対する最大級の打撃となって響いているのである。「人間の風上にも置けない」というのは、この意味で発せられた怒りの叫びに他ならない。

詳しくは次章で見ていくが、彼／彼女ら台独聯盟はとくに七〇年代初めにいたるまで、みずからの独立運動が「人間性恢復の普遍的真理」に依拠した理想主義的な人間解放の理念に基づくものであることを、強くアピールしていた。台湾人対中国人という対決図式は、外省人もまた独裁政権の同じ犠牲者である以上「無意味」であり、台独運動は「常に虐げられる人人《ママ》の側に立ち、特に国際的協力を惜しまない」と宣言されていた。[26] 日本の左翼を「当然台湾独立運動の味方だと思っていた」という周英明のことばは決して誇張した表現だとは思われない。それゆえに一九七〇年前後の彼／彼女らの左翼批判は、日本の左派陣営、そして戦後日本の「良心」たちに対する在日台独派の内的な連帯感への、訣別表明であった。

この訣別を導いた最大の原因は、台独聯盟の側において、この時期の北京政府の台湾政策の転換にあると目されていた。北京政府は、国際社会からの追放が避けられなくなった国民党政府に対して「国共合作」の投降の呼びかけ（蒋家の優遇措置をふくむ）を強める一方、一九七〇年初めに国際的な組織合同をはたして躍進した台湾独立運動に対しては、これまでのことさらに存在を無視する姿勢を一変させ、激しい非難攻撃を開始した。これを受けて台独聯盟の側も、これで戦いの主敵は国民党政府から北京政府の中国へともはや完全に交代したと決意を新たにした。[27]だが彼／彼女らは厳然たる国府の強固な弾圧体制に加えて、頼みとする国際世論の支持を求める宣伝工作の方面でも、二つの中国政府の双方から、「中共の手先」「米日帝国主義の手先」と相矛盾する非難攻撃を受けねばならない苦境に追い込まれた。この孤立無援の逆境にあって、北京政府の台独派攻撃に連携してその政治宣伝を受け売りする日本の左派陣営の行ないは、対中国事大主義による「左翼」の理念の放棄、自滅として、限りない憎悪の対象となって捉えられたのであった。

なお「中共の手先」「米日帝国主義の手先」といった台独派への非難は、一九五〇年代から行なわれ、七〇年前後にはいっそう広く喧伝されたものであるが、わたしの知るかぎりでは、少なくとも日本の台独連盟について、これは悪意と偏見にもとづく単なる中傷、独立運動の主体性を貶めるための悪宣伝にすぎない。まず何よりも、この「手先」説を、論破されることなく立証してみせた一編の文章も存在しない。そしてアメリカと同じように日本政府も、五〇年代後半から、国府が国連での中国代表権を失い、人民中国による台湾併合の危機に直面した場合に備えて、将来の一中一台路線への転換、蔣政権に代わる安定した新政権樹立への支持を秘かに準備していたことは、最新の研究で明らかになってきているが、[28]だからといって日本政府が台独派を支援していた事実はない。実際、七一年一〇月に国府の国連追放が決まる前後に、佐藤栄作首相はたびたび台湾独立支持派からの意見具申を受けたが、追放前は複合二重代表制による国府の議席存続だけを追求し、追放後は「日中国交正常化の邪魔」だと一顧だにしなかった。[29]そうした少数の革命派への支援は国府に対するバーゲニング・パワーを著しく削ぐことしか意味しないからである。むしろ最後のギリギリまで国府の在日台独派に対する弾圧に協力する方が、理にかなっていた。

一九六九年に台独聯盟幹部の許世楷が在留許可申請を却下され、強制送還の危機に瀕したときにそれを救った民法学の権威、我妻栄（当時東京大学名誉教授、法務省特別顧問、一九六四年文化勲章受章）が、許に法務省の内情を明かしたところによると、六七年九月に首相の佐藤が訪台した際、国府との間で、日本側が黄昭堂、許世楷、廖建龍、柳文卿ら六人の台独聯盟幹部を引き渡す代わりに、国府側は受け入れを拒んできた麻薬犯の引き取りなどに同意する密約が交わされていたという。[30]この密約はつづいて一〇月に田中伊三次法相と中川進入管局長が国府に招かれ、前述した麻薬犯三〇人対政治犯一人の交換レートに具体化し、さらに翌六八年二月七日付で駐日国府大使館がギャランティ・レター（強制送還者に対する身体安全保障書）を入管に対して提出することで整備を終えた。その翌日、入管に出頭した陳玉璽はいきなり強制収容、翌朝一番に強制送還され、密約の第一の犠牲者にされた。そしてこの送還事件が東京華僑総会などの黙殺と隠蔽によってまだ表面化を抑えられていた三月二六日、入管に出頭した柳文卿は、第二の犠牲者となった。柳は当時、台独聯盟の情報部長で、聯盟の秘密メンバーなど組織内部の情報を得る目

オブザーバー

いけにえ

続発する政治難民の強制送還

麻薬犯と抱きあわせ

田中前法相訪台で密約か

『オブザーバー』1968年4月28日号。この記事「“日華協力”のいけにえ」で日台密約と陳玉璽事件がスクープされた。写真は柳文卿強制送還時の羽田空港での乱闘場面。中央で護送官に引きずられているのが柳で、彼にしがみついているのは台独聯盟メンバー。護送車から降ろされて柳が空港タラップに現れた時、連盟メンバー10人は護送官に飛びかかり、柳は舌を噛んで送還阻止をはかった。口から血が噴き出し、乱闘で傷だらけになりながら柳は中華航空機に担ぎ込まれた。

的があったようである。なお、この密約が取り交わされた六七年一〇月から六八年三月にかけて、これまでにない六三人の麻薬犯などの強制送還が矢つぎばやに台湾にむけて行なわれた[31]。そのうちの二人が陳玉璽と柳文卿である。

　許世楷は強制送還されるよりはみずから密航して台湾に戻ろう——それはすべてを捨てた地下政治活動への専心を意味するだろう——と考え、当時我妻栄を筆頭に第三巻大正編まで執筆を終えていた『日本政治裁判史録』（全五巻、第一法規、六八—七〇年）の執筆メンバーから降りることを我妻に伝えたところ、当時我妻が法務省の特別顧問という特別な地位に就いていたため、その電話一本で急遽在留許可となった。そしてさらに我妻は政界の親台派の巨頭でもある元首相の岸信介（佐藤栄作の実兄）と東大法学部の同窓であった頃からの知己だったことから、岸に依頼して許を前記六人の強制送還指名者のリストから外させた[32]。だが他の台独聯盟幹部たちは毎月の在留許可申請をその後も続けねばならなかった。許世楷の身を救った幸運はそれ自体喜ぶべきことに相違ない。だが、それだけに陳玉璽や柳文卿の身を襲った不幸は、痛ましさをよりいっそう増さざるをえない。

　前年に東京大学で学位を得てすぐ津田塾大学助教授に迎えられていた許世楷と、修士課程を終えて当時学籍も持っていなかった陳玉璽、柳文卿の身分の差、これが結果的には彼らの運命を分ける決め手の一つとなった。
外国人の処遇については「日本政府の全く自由裁量に属することとなる。国際法上の原則から言うと「煮て食おうと焼いて食おうと自由」なのである」[33]と公言してはばからない戦後日本の入管体制のもとで、ある者はある日突然取引材料とされて血まみれになって強制送還され、ある者は法務大臣の自由裁量で「恩恵」として在留を許される。この弾圧と分断のなかに、在日台独派は立たされていた。なお許世楷は宗像隆幸とともに聯盟の台湾島内工作の担当幹部として、七〇年代に入ってからも、柳文卿を救出するために、長期にわたる準備をへて台湾に最も近接した沖縄県与那国島に台湾からの逃亡者の受け入れ拠点を作って機会を待ったが、実現にはいたらなかった。[34]
話を朝日提言の問題に戻せば、そこでは日本政府が「一つの中国」原則を取り、また現実をありのままに認識するべきだという「常識」に従うならば、「一部の国が主張するように、台湾の住民投票を主張したり」することはできないはずであり、「究極的に台湾が中国と一つのものである事実から目をそらそうとすることは現実回避という以外にない」とされる。ここには問題のすりかえ、あるいは隠蔽がある。「一つの中国」原則は日本政府が国共両中国政府に対する外交政策上の立場として取るものであるが、中国および台湾の内部の自決権や領土規定を拘束しようとするものではなく、またそうすることなどできないものだ。にもかかわらず、なぜ「台湾が中国と一つのものである」ことは、回避できない究極的現実・事実となってくるのか。住民投票を主張しているのは「一部の国」というより、独立派の台湾人たちであったし、また住民投票を行なうか否かを決定する権利を有する者は、「一部の国」などではなく、台湾の住民であるはずである。その存在と発言権を封圧すること、それがこの提言の隠された真意だといえる。明言を避けながら、そこでは「台湾が中国と一つのものである」ことを否定することは許さないと主張されているのである。

文革期の中国で、一九六八年から七〇年にかけて、共同通信からＮＨＫにいたるまで次々と理不尽に特派員が追放されるなか、朝日新聞社が日本の新聞社で唯一特派員の北京滞在を許され、その代償として北京政府の意向に追従した報道を行なったことは、いまではよく知られている。その朝日特派員、秋岡家栄は日中国交回復に使命感を燃やしていた朝日新聞社の社長、広岡知男の信任がきわめて篤く、中国側の意向を代弁するとされた「秋岡感触」は、むしろ中国側の意向を先取りまでして中国報道を自己規制する社内の不文律となっていたという。その秋岡は雑誌『世界』に載せた論文で、「感触」を次のように伝えて、台湾独立への支持に対する中国側の恫喝を、すすんで代行してもいた。「かりに国民党が、どこかの帝国主義と結んで、台湾独立の看板をかける方向に走るなら、中国が武力を行使しない、という保証はないとみる点で、すでに各方面にそれほど異論はないといってよい[35]。」

朝日提言は日本政府に対して「より大きな国益に立て」と啓蒙している。国家間関係の冷徹な現実主義にもとづいて、「国益」に反する意見は排除するとの立場を取るならば、それに徹すればよい。あるいは、中国侵略の負の遺産を清算するために、台湾はあえて「領土」としてしか見ない、その住民の意向は、それ自体の独自の政府が樹立されるまで、一切関知しないというならば、その立場を明確にすべきである。ところが提言は、ただみずからが選び取った立場を「ありのまま」の現実、「究極的」事実として聖域化することによって問題の存在それ自体を否認し、反対意見を抹殺した。ここに大きな問題がある。すなわち日中国交に合わせて「台湾は中国領土の一部」だという立場を提言し、中台統一支持をあらためて打ち出そうというならば、台湾独立運動をどういう根拠で否定するのか、それを真剣に検討して打ち出す姿勢が必要だったはずである。それをごまかしてしまったがゆえに、提言は「目をつぶってはならない」と言ったはずの台湾問題について、従来の台湾無視の姿勢をなんら変えることができず、政府が「国益」計算と国際情勢の追認で日中国交・日華断交の転換を遂げた後も、台湾に居つづけるもう一つの「中国政府」が、政権存続の危機を乗り切るためにより一層弾圧体制を強化する事態に対して積極的に取り組んでいく根拠と立場を依然として築けないまま、日本の侵略と植民地支配が台湾に残した問題とその責任を見失いつづける、新たな失敗の起点を画する結果をもたらした。

かつて台湾を植民地支配し、戦後台湾問題の内在的原因のひとつを作った日本だからこそ、国共両政府だけでなく、植民地支配から戦後の戒厳令下にいたるまで、一貫して排除されてきた台湾住民の意向に配慮した、慎重な、あるいは責任ある対応が必要だったのではないか。これは統一と独立いずれの立場を支持するにしても同じことである。「台湾問題の処理」という難問から目をそらすことはもちろん不可だが、問題を領土の処理にだけ押し込めることで見失われたもの、それは金美齢がいう、台湾に対する日本の真の「原罪」である。「ジレンマに直面し」つづけること、それが当時のことばで言うならば、日本の「台湾問題の処理」と「贖罪」で求められていた精神的態度だったであろう。

ところで、その後『朝日新聞』は台独聯盟の側からの問いかけに、一度だけ答えたことがある。一九九三年、李登輝が国民党の内部で主導権を確立して台湾民主化が軌道に乗ったのを受けて、金美齢は、かりに「日本のすぐ隣の地域に、明らかに民衆の自由な選択にもとづく一つの独立した政治体制が確立」されていくとしたら、それでも「これまでどおり完全無視の態度をとり続けることができる」か、台湾民主化は「日本の民主主義の真贋、そして国家としての品位」を問うとの趣旨の論稿を送り、それは同年九月三日の同紙「論壇」欄に掲載された。すると九月九日「台湾と国連の関係を考える」との社説が現れ、台湾の国連加盟をめざす動きについて、「国連に発言の場を求めるのなら、まず、中国を代表するという虚構と縁を切る必要がある」との原則論を提起した。「論壇」に載った金の論稿で「台湾の国連加盟で最後まで反対票を投じるのは（中国は別として）日本であると、台湾ではもっぱら定説になっている」と挑発的に記されたことに応答したものだと読める。そしてこの社説は、かつて日本が植民地支配した歴史が台湾の現状に投影している側面もあるとして、「台湾の人びとの暮らしや権利が経済だけでなく国際的な処遇の面でも尊重されるように、私たちも親身になって考えてゆくべきだと思う」と述べて結んだ。曖昧で慎重な表現ながら、台湾人の国際社会での地位の改善について、日本は何らかの援助をしなければならない歴史の道義的責任があるとの認識を示したものであり、かつての提言でとられた中台一体の聖域化の姿勢は、過去のものとなったことが示されたといえる。だがかつての提言とのあいだの齟齬について、みずから顧みられるようなことは、やはりなかった。

注

(1) この欠陥はわたしにとって実は他人事ではない。わたしは当初『超台湾論』に戦後日本と台湾との関係について執筆分担を求められていた。そこでは当然上記二グループについての検討が焦点となるところだが、そのためのさまざまな準備作業(同書全体の編集方針に関わるものを含めて)が同書の刊行スケジュールと編集方針の設定などから不可能なため、同書への参加をやめることにした。

(2) 二二八事件は第二次大戦後台湾でもっとも重要な意味をもってきた反乱─鎮圧事件。台湾に接収にきた国民党政府・台湾省行政長官公署の汚職、公私財産の横領、伝染病の流行、インフレなどの悪政に加え、国共内戦の再開で台湾から大量の物資が大陸に持ち出され、台湾社会の全域が存亡の危機に追い込まれた結果、一九四七年二月二八日、全島に台湾人の決起を呼びかける反乱が始まった。台湾人側はほぼ全島を自主管理下におさめ、二二八事件処理委員会を作って政府側に台湾民主化の政治改革要求を出した。だが三月八日、大陸から蒋介石が送った精鋭部隊が到着するや、無差別大量虐殺が全島にわたって繰り広げられた。虐殺の犠牲者は正確には分からず、二万人ともいわれる。とくに地域社会のリーダーとなる知識階層が虐殺で狙われ根こそぎにされたこと、この事件に触れることは八七年の戒厳令解除頃までタブーとされつづけたことなど、事件は虐殺・鎮圧事件それ自体にとどまらない深刻な影響を戦後台湾社会に刻みつけた。

（3）狭義の台湾人は福建南部系本省人のみを指す。本省人とは第二次大戦前から台湾に住んで中国の「台湾省」に籍を持つ漢民族、これに対して外省人は戦後、とくに一九四九年の国民党政府の台北遷都以降台湾に移り住んだ漢民族を指す。両者の間のさまざまな葛藤は「省籍矛盾」とよばれる。オーストロネシア語族に属する台湾原住民族はふつう本省人のうちに含まれず戦後は「高山族」と概称され括られてきたが、近年にいたって「原住民（族）」との自称が用いられるようになった。もっとも広義の台湾人、あるいは「新台湾人」においては原住民族も含まれるかもしれないが、現時点では台湾人ないし本省人の総称のうちに原住民族も概括する記述は妥当ではないと考える。

（4）廖文毅は一九一〇年台湾中南部雲林の大地主の家に生まれ、京都、南京、アメリカへの留学をへて工学の博士号を取り、浙江大学教授を勤めた後、日中開戦後に台湾に戻って会社経営などをした。戦後すぐに台湾独立運動をはじめたといわれ、香港亡命中に英文で書き、来日後に日本語に書き直した著書『台湾民本主義　フォモサニズム』台湾民報社、一九五六年は、独立運動の聖典と称され、台湾でもその名は独立運動の代表的指導者としてひろく知られていた。

なお同書は廖の補佐役の簡文介の代作ともいわれる。王育徳らは廖のハッタリ、山師的性格の独立運動に対する反発からみずからの運動を開始したという。王育徳「投降の論理」『台湾青年』一九八〇年五月号参照。

(5) 戴国煇『台湾』岩波書店、一九八八年、一二二頁。

(6) 林明庭「「柳文卿は元気」の意味」『台湾』一九六八年八月号。深田祐介・金美齢『鍵は「台湾」にあり!』文藝春秋、一九九六年、九五頁。

(7) 西野英礼「日中関係における台湾の位置　植民地の傷痕と「台湾独立運動」の本質」『歴史評論』一九六二年一月、九―一〇頁。

(8) この引用句のみは、林景明『台湾処分と日本人』旺史社、一九七三年、八三頁より。この発言は劉彩品支援運動(後述)のメンバーが台湾独立運動家の林景明に述べたものとして紹介されている。

(9) 章漫亀(王育徳の筆名)「「台盟」の骨を拾う」『台湾青年』一九六二年二月号。王育徳「兄の死と私」同前誌六三年二月号。王育徳は植民地時代から五〇年代半ば頃まで、みずからが左翼の台湾解放論に与していたことを回顧して幾度か述べている。その具体的証拠となるものに、神戸の華僑文化経済協会発行の『華僑文化』五五―五七号(五三年一二月~五四年四月)につづけて掲載された、王育徳の寄稿(筆名は王莫愁、黎明)がある。五七号の黎明「台湾光復後的話劇運動」は、とくに編集部からの依頼で、二二八事件七周年にちなんで、みずからの演劇活動による抵抗運動の営みを回顧したものである。華僑文化経済協会は中ソの諜報活動への協力も噂されていた大陸派の在日華僑組織であった。この時期の大陸派の華僑組織では花岡事件の「花岡烈士追悼大会」と並べて二二八事件が取りあげられていた。前年の五三年には北京と東京で「二・二八起義六周年」紀念の催しが行なわれ、渋谷の「東京台湾華僑二・二八事変紀念大会」には日本の革新勢力の代表などをふくめ、一二〇〇人が参加した。なお謝雪紅については詳細な評伝、陳芳明（森幹夫訳）『謝雪紅・野の花は枯れず』社会評論社、一九九八年がある。

（10）劉彩品支援運動は、日本人と結婚し、二人の子をもった天文学専攻の東京大学留学生の劉が、一九七〇年五月、日本滞在ビザの期限切れに際して、さきに期限切れになっていた国府のパスポート更新を拒み、中華人民共和国を自分の国として選ぶとして在日外国人の思想・信条の自由を要求し、劉に対する支援と入管の抑圧体制との闘いを日本国民に突き付けたことから始まった。劉の支援要請は日本の中国侵略と戦後の入管体制における外国人抑圧をめぐる過去と現在の連続した責任の問題を突き付けるものとして新左翼以後の左派知識人に深い影響を与えた。支援運動は七〇年九月、国府に対する「絶縁書」を提出した劉に三年間のビザが発行されたことで一段落付いた。だがその後も永住権申請の却下など日台両政府の圧迫が続いたこともあり、劉とその家族は七一年七月に招かれて中国に渡った。前出太田昌国論文によると、その後劉は天文台の教授を務めるかたわら、八三年以降三期にわたって全人代の台湾省代表となった。七一年三月時点までの詳細な支援運動の記録は、劉さんを守る友人の会編『日本人のあなたと中国人のわたし　劉彩品支援運動の記録』ライン出版、一九七一年にまとめられている。また津村喬『歴史の奪還』せりか書房、一九七二年参照。

(11) 林景明『知られざる台湾　台湾独立運動家の叫び』三省堂新書、一九七〇年一月。東大法共闘編『告発・入管体制』亜紀書房、一九七一年、一四九頁。

(12) 新島淳良「私の推薦する本　日中問題を理解するために」『公明新聞』一九七一年六月三日。新島はこの七一年に文革支持の立場と中国研究者の地位を捨て、コミューンの理想と実践を求めて山岸会（共同生活団体）に入り、七三年に早稲田大学教授を辞した。この間の経緯については新島の個人誌『彷徨』に連載の「自伝のようなもの」の第三部第六章「林景明さんのこと」同誌九四号、八五年七月二五日に詳しい。また座談会「カオスから新しい中国像を」『中国』七二年一二月号など参照。その後山岸会とは脱会、再入会をへて現在は距離を置いているもよう。

(13) 黄有仁（黄昭堂）「日本と台湾」（二）『台湾青年』一九七六年一月号。

(14) 以下の強制送還事件については前掲『告発・入管体制』、および事件発生ないし発覚時の台湾独立聯盟機関誌『台湾青年』『台湾』（雑誌『台湾』は『台湾青年』が漢文に統一された時期、その日本語版として一九六七年一月〜六九年一二月に同時に刊行されたもの）に詳しい。また宗像隆幸『台湾独立運動私記』文藝春秋、一九九六年、第三章がその後の経過をふくめてまとめている。

(15) 顔尹謨と劉佳欽の二人が連座した「全国青年団結促進会」事件は台北市議会議員林水泉など二七四人の逮捕者を出した。日本側では台独聯盟よりも台湾独立連合会（会長は史明）の島内反乱計画に関係が深かった。林樹枝（平岩一雄訳）『台湾事件簿』社会評論社、一九九五年参照。時期的に遅れ、規模も大きくなかったが、裁判の過程で日本で指導教官・同窓生らが救援運動をしたため、顔と劉は死刑はまぬかれ、懲役一五年と八年の判決が六九年一二月に出された。その後再審でさらに加刑され、顔は七二年に拷問の末に獄死した。『台湾青年』一九七二年四月号。

(16) 陳玉璽事件について最初に取りあげ、その後もくわしい調査報道を行なって事件の追及をリードしたのは、週刊紙『オブザーバー』（大森実国際問題研究所・東京オブザーバー）であった。一九六八年四月二八日号「〃日華協力〃のいけにえ」で事件をスクープし、六九年五月一一日号「〃造反〃に揺らぐ華僑総会」では事件の背後にある日中友好のタブーの領域に踏み込んだ。親中派方面からの妨害に苦しみながら「中国支持一辺倒」の信念を維持しつつ、日本での救援運動の主柱となって陳を支えつづけたのは、ジャーナリストの川田泰代であり、川田『良心の囚人　陳玉璽小伝』亜紀書房、一九七二年は、七一年一〇月の特赦釈放にいたるまでの経過を記録している。陳玉璽はその後幾多の困難を乗り越えて七五年にハワイ大学博士課程に復学し、現在は研究者として香港などで活躍している。著書に段承璞漢訳『台湾的依附型発展』人間出版社、修訂版一九九五年などがある。

（17）史明（志賀勝訳）『台湾は中国の一部にあらず』現代企画室、一九九一年、三二七頁。文革で大陸の台湾人の大多数が残酷な闘争に遭ったことはすでに通説となっているが、正確なデータはもちろん不明のままである。

（18）台湾青年独立連盟「人権擁護に関する声明」『台湾』一九六八年八月号。事件発覚以降、同誌は陳玉璽事件に多くの誌面を割いたが、とくに孫明海（周英明の筆名）編「陳玉璽事件の黒い霧」同誌六九年五月号は東京華僑総会の内情にも踏み込んで分析を進めている。

（19）林前掲『台湾処分と日本人』、および林景明『文化真偽』一巻、文化真偽研究会（私家版）、台北、一九九四年を参照。

（20）金美齢「「台湾」をめぐる最近の論調」『台湾青年』一九七一年一二月号、三六頁。

（21）「朝日新聞社への公開質問状」『台湾青年』一九七一年二月号。

（22）孫明海「貴方は恥ずかしくないのか！」『台湾青年』一九七一年八月号。

（23）この点については駒込武『植民地帝国日本の文化統合』岩波書店、一九九六年、三七四―七六頁における「膨張の逆流と防波堤」という論点の開示、および本書の執筆過程で同氏からいただいたコメントから大きな教示を得た。

（24）金前掲「「台湾」をめぐる最近の論調」。高見信（許世楷）「独立運動の人間性」『台湾』一九六九年九月号。金美齢「日本が〝台湾音痴症候群〟から脱却すべきときがきた」『日本の論点97』文藝春秋、一九九六年。

(25) 孫明海「「革新」か「事大主義」か?」『台湾』一九六九年七月号。
(26) 許世楷「台湾独立運動の理念と方法」『台湾青年』一九七一年八月号。
(27) 主張「中国社会帝国主義の台湾併呑の野望を糾弾する」『台湾青年』一九七〇年四月号。中国側はたとえば『人民日報』七〇年二月二四日付社説「美日反動派加緊策劃「台湾独立運動」陰謀」などで彭明敏の台湾脱出成功(後出)についてさえ、米日が「その手下の台湾独立運動の頭目のひとりである彭明敏を秘密裏に台湾から呼び寄せて盛んに活動させている」と非難した。
(28) 呉瑞雲『戦後中華民国の反共連合政策』(東北亜区域研究成果報告書)中央研究院、二〇〇一年参照。
(29)『佐藤栄作日記』四巻、朝日新聞社、一九九七年、四九〇頁など。
(30) 陳銘城『海外台独運動四十年』自立晩報、一九九二年、一二六頁。
(31)「中国から来た青年　ドキュメンタリー劇　劉道昌との対話」三、『現代の眼』一九七一年八月号、二六四頁。国民党政府は厳しい臨戦態勢を敷いていることを理由に、自国民でも厳重な審査をして入国の許否を決め、帰国には国内の身元保証人二人を必要としたため、国外からの一般犯罪人の強制送還はとどこおっていた。池上努『法的地位二〇〇の質問』京文社、一九六五年、四四頁参照。これはタテマエ上は、強制送還という形で大陸側からの諜報活動が台湾内部に潜入することを警戒した措置だと考えられる。

（32）陳銘城前掲書二六頁。黄英哲『扶桑書剣記』前衛出版社、一九九一年、四九頁。
（33）池上前掲『法的地位二〇〇の質問』一六七頁。池上は法務省参事官から駐韓大使館一等書記官、東京高等検察庁検事となった法務省高官で、六九年国会提出の入管法案の中心的作成者といわれる。
（34）陳銘城前掲書五七頁。
（35）秋岡家栄「復交後の日中関係」『世界』一九七三年三月号。文革期の朝日新聞社の中国報道の内幕については、稲垣武『朝日新聞血風録』文藝春秋、一九九六年に詳しい。秋岡は北京に行く前、かつて東京で台独聯盟の取材を担当し、その頃は台湾独立に同調していたという。「「恵比寿事件」の真相」『台湾青年』七二年六月号。

第二章　『台湾青年』グループの独立運動

台湾において小林『台湾論』中国語版は二〇〇一年二月初旬に公刊された。すでに前年一一月の日本での出版時から台湾で同書は話題になっていたが、中国語版の公刊からまもなくして、台湾の政治的党派関係にも結びつきながら、激しい批判と擁護の論争が始まった。

とくに問題となったのは、小林『台湾論』で元日本軍「慰安婦」の強制連行を否定する拠り所となっている実業家、許文龍（陳水扁政権の最高顧問）の発言で、自発的な志願で強制連行はなく、「彼女たちにとっては大出世」だったとされている。これに対して元「慰安婦」自身や、この問題にながく取り組んできた婦女救援基金会、陳水扁政権の与党民進党の女性部などの女性団体を中心に抗議の声があがり、フェミニズムの闘士として知られる副総統呂秀蓮も同調した。許文龍は批判の集中砲火をあびて二月末に部分的「謝罪」表明を余儀なくされた。

ところが三月二日、台湾政府内政部の出入境管理局が近く訪台を予定していた小林よしのりに対し、「民族の尊厳を傷つけた」、混乱と不測の事態を避けるとして入国拒否を決定したことから、問題はさらにこじれた。小林『台湾論』を批判してきた側もこの措置はいきすぎだと反対し、陳水扁総統も反対したこともあり、この決定はまもなく三月二三日に撤回された。だがこれまで批判にさらされ追い込まれてきた小林『台湾論』擁護派は、これをきっかけに「民主主義」「言論の自由」を楯にした猛反撃に転じた[1]。その反撃の急先鋒に躍りでたのは金美齢であった。

金は三月四日、急遽台北に駆けつけて記

『台湾論』231頁。上のコマで語っているのが許文龍

者会見を行ない、「小林氏が『台湾論』を描くに至ったのには私も関係している。小林氏は私を通じて台湾と台湾人を知ったと言える」、「慰安婦の問題だけを取り上げて一方的に小林氏を非難するのはフェアではない。『台湾論』の全体を読めば、いかに台湾を愛している本かが分かるはずだ」と語った。[2] これまで台湾ではほぼ存在を知られてこなかった金は、この『台湾論』騒動のなかで台湾のマスコミの注目を一身にあびて連日新聞やテレビに登場し、いまや台湾においても急進的独立派を代表する戦闘的論客となった。

また金は、後に発表した論稿では、問題になった許文龍発言についても、もともと許に「真実」を調査するよう依頼したのは自分だと明かしている。[3] そして小林『台湾論』の核をなす主張、日本では失われた「日本精神」が「台湾の地で凍結されそのまま残っている」という「日本精神」継承論についても、この言説を現在日本の保守論壇で言われている形で解釈し流布してきたのは金美齢である。

『台湾論』中国語訳版。頼青松・蕭志強訳、2001年2月、前衛出版社刊。

前衛編集部編『台湾論風暴』前衛出版社、2001年6月刊。同年3月前後、台湾の新聞雑誌に続々と載せられた『台湾論』擁護派の論稿をまとめた。巻頭の序論に黄昭堂の論稿を収める。第5章注（18）参照。

はた目に見るかぎり、小林『台湾論』は金美齢がここ五年ほどの間、入念な注意のもとに繰り広げてきた政治宣伝戦略のシナリオにぴったりはまって世に現れた作品であるように見える。まるで金美齢台湾論の小林よしのり版だという側面が強い。

もちろん両者を同一視するのは妥当ではないが、小林『台湾論』がなぜ、どのような経緯で現れたか、そしてこのような台湾および日台関係をめぐる認識は今後どこに向かおうとしているか、これらの問題点を検討するうえで、金美齢と在日台湾独立派の足跡をかえりみることは不可欠である。

　これから彼女たちの運動の軌跡をその言論活動を中心に見ていくが、小林よしのりがその『台湾論』で主張し、批判に猛反発している主な論点は、他ならぬ在日台湾独立派がかつて『台湾青年』などで繰り返し主張したところによって簡単に覆されるものにすぎず、小林についての検討はとくに必要とは思われないので、ここでは行なわないこととする。

ただ小林『台湾論』が書かれるにいたった経緯を補足しておくと、小林が金美齢を紹介役として二〇〇〇年六月に台湾を訪れ、親日的台独派の蔡焜燦、許文龍、そして李登輝の接待を受けた背景には、同年一〇月末に長野県で開催された日台国際会議「第一二回アジア・オープン・フォーラム」に李登輝の出席を認めさせるための宣伝工作の目論見があった。同会議は李の総統就任翌年から彼の意向で毎年、日台交互に開かれてきたもので、この第一二回会議が最後となった。李はこの会議に出席する名目で総統退任後に来日することを切望し、一〇月にむけて日本の保守派メディアでは李の対談・インタビュー本や関連記事が続々と繰り出された。その一環として小林は李に招かれ「はるかに予定をオーバーして三時間もの間李登輝氏とみっちり話し合う」「実に楽しくそして衝撃の体験」（小林『台湾論』二〇頁）をするようセッティングされた。小林『台湾論』が同会議の直前に日本で公刊されたのは決して偶然ではなく、李登輝訪日の重要性と必然性をアピールするための「緊急な出版」（同書「あとがき」）だったと見るべきであろう。

1　初期『台湾青年』の台湾独立前衛論

金美齢は一九三四年に台北市で生まれ、五九年に日本に留学し、六〇年四月に『台湾青年』創刊号を読み、同誌の中心人物、王育徳、黄昭堂に接触、地下の秘密メンバー（変名は周文卿）となって台湾独立運動に参加した。長年の独立運動家であるが、本人は九四年段階までは「闘いらしい闘いをやった覚えがない」という[4]。たしかに金は連絡役から始まって英文版機関誌の編集長をへて主に宣伝広報部門を担当してきたのだが、この発言の真意を理解するには、彼／彼女ら『台湾青年』グループの「闘いらしい闘い」の軌跡をあらましだけでも知っておく必要がある[5]。

機関誌『台湾青年』は現在も創刊四〇周年を越え、五〇〇号へ向けて発行を続けているが、発行主体の名称は幾度も変化してきた。だが主要メンバーは発足の初期から大きな変化がない。一九六〇年の台湾青年社から、六三年に台湾青年会、六五年に台湾青年独立聯盟（台独聯盟）、七〇年に島内と欧米の組織と合同して台湾独立聯盟日本本部（総本部はアメリカ）となり、この聯盟が八七年に台湾独立建国聯盟（略称は台独聯盟のまま）に改称して現在にいたる（以下では『台湾青年』グループ、あるいは誤解を招かない範囲で台独聯盟の略称を用いる）。海外台湾独立運動の中心地は日本とアメリカで、七〇年の組織合同以来、台独聯盟は諸々の海外台独運動団体のなかでもみずからが最大の組織であると自負してきた。それが過大な自己宣伝でなかったことは、二〇〇〇年の陳水扁政権発足にあたって聯盟主席の黄昭堂、中央委員の金美齢の二人が国策顧問に、中央委員の羅福全が駐日代表（駐日大使に相当）に迎えられ、存在感を大きく示したことからもうかがい知れるだろう。

在日台湾独立運動には、この台独聯盟の系統のほかに、廖文毅の「台湾共和国臨時政府」のグループ、そして反中国の社会主義台湾民族主義革命を追求した、史明を中心とする台湾独立連合会、独立台湾会（一九六七年〜）の系統がある。前者については前章で言及したとおりの限界をもち、後者もまたその組織内部より外には影響力をほとんど拡げられなかった。こうしたことから、本書では在日台独派および在日台湾独立運動という場合、一般に台独聯盟の系統に代表されるものを指して用いることにする。

『台湾青年』グループの中心的指導者は創立者の王育徳、終戦直後の台南一中時代に彼の教え子でもあった黄昭堂（筆名黄有仁）[6]、許世楷（筆名高見信）[7]の三人で、生年は順に一九二四、三二、三四年である。発足の初期は三人とも東京大学の大学院生で、王はまもな

雑誌『台湾青年』。台湾の政論誌として最長の発行期間を誇る。

く明治大学教員となり、八五年に死去した。これに長く『台湾青年』の編集を担当してきた宗像隆幸（台湾名として宋重陽を名乗った。三六年生）を加えた四人が、『台湾青年』グループの二大特徴をなす理論的先進性とメンバー間の信頼関係に基づく組織的団結性の両側面をリードしてきたといえる。

『台湾青年』はその名のとおり、日本に留学して言論の自由を得た青年たちを中心に活動を開始した。この誌名はまた一九二〇年に創刊された初の台湾人の政治目的のための定期刊行物の名を受け継ぐものであり、「強暴な日本帝国主義の前に挫折し敗北した」四〇年前の『台湾青年』の抗日民族運動の精神を継承発展する意志がこめられていた(8)。活動開始にいたる背景には、前述のとおり、蒋政権打倒をめざす戦後台湾解放運動の左派というべき台湾民主自治同盟の謝雪紅らが五〇年代後半に粛清され、中国国内での台湾人の高度自治による解放の展望が閉ざされたこと、そしてそれに代わって北京政府の蒋介石に対する国共合作の呼びかけが始まり、二つの中国政府いずれもが台湾人の意向を排除するものであると捉えられたことがあった。また発足当初の情勢認識としては、とくにアメリカの民主党ケネディ政権が「一中一台」路線への転換に着手し、蒋介石に代わる民主政権を樹立させる工作も過去に取りざたされていたことから、比較的短期での、近い将来の民主化と台湾独立が展望されていた。(9)

この展望を実現に導こうとする判断と相まって、『台湾青年』グループは国際世論に通用する台湾独立運動の理論の構築と、民族革命の突破口をみずから切り開くための高い組織的行動力を固めていくことを主な内部的課題に据えた。そしてこの二つの基盤に立って対外的な宣伝啓蒙活動を行ない、内外の支援の調達に取り組んだ。

理論的には、従来の台湾独立運動で強調されてきた台湾人と中国人の間の素朴な異質論でなく、国際人権規約の第一条に謳われた人民自決の原則を主柱とし、具体的運動面でも、政治運動である前に人権運動であることを理念の基礎にすえた。(10) この変化は、組織面で五〇年代の旧勢力の在日独立運動が台湾系華僑を中心としていたところから、若い留学生たちへと担い手が移ったことを反映するものであった。留学生たちは戒厳令下の抑圧から逃れて六〇年安保における学生運動や韓国の学生革命を目にし、台湾でも自由・人権・民主の価値を実現しようとこころざした。そして王育徳、黄昭堂、許世楷、戴天昭らは国外での活動を可能にした学業を継続する目的と、運動の理論武装の課題を重ね合わせて、台湾の歴史や言語、独立に向けた政治理論に関する学術研究を開拓し、後の民主化運動と台湾研究の発展に貢献することにもなった。

いま現在の台独聯盟日本本部の幹部である黄文雄、金美齢らの発言を念頭に置くと信じがたいかもしれないが、『台湾青年』は、その始動期の初めから、台湾人対中国人という図式でなく独立台湾の国民たらんと欲するすべての人びとのための独立運動を強く打ち出した。

一九六一年四月、第七号の社説は、蔣政権に拘束され、大陸中国の政府からも無視されている台湾在住の「中国人」、すなわちいわゆる外省人の大部分は「台湾という強制収容所にいる囚人と変りない」同じ独裁政権の犠牲者だとして、『台湾青年』は彼らの「心の声をも代弁しているのである」と宣言した。すなわち『台湾青年』がめざすものは暴力と虚偽からの解放、政治的自由と自決の自由の獲得であり、これは外省人兵士たちにとっては、すでに望みのない大陸反攻幻想の束縛から解放されて「平和的に故郷に帰る路を求める」自由をもたらすものであり、また共産主義政権下の大陸に帰ることを望まない者で、

「台湾にとどまり、台湾の市民になろうと考える中国人は当然台湾人なのである」とした。[11]

これはおおむね一九七〇年代初めまでくり返し強調されつづけた『台湾青年』グループの独立論の基本理念である。後の社説類から補足すれば、他に中国人の名義を失わずに台湾に暮らそうとする者は「華僑」として遇される。だが差別待遇は取らず、「台湾共和国は台湾に定住し、その繁栄を願うすべてのものの国家」であり、一切の「出身を問わず平等・友愛の立場」を貫くとされた。『台湾青年』の自決論は台湾民族主義に閉じたものでなく、「人間性恢復の普遍的真理を台湾の現実に適用した結果」として独立を主張するものであり、独立運動は「自由のための闘争」以外ではありえないとされていたのである。[12]

なぜこのような理想主義的な解放理論を、白色テロル（国家暴力）の恐怖が充満する台湾の暗い世界のなかで、高らかに打ち出すことができたか。もちろん思想はそれを主張する人間たちの個性と人格に第一義的に発している。とくにこの方面の代表的イデオローグとして、政治学と法学を専攻した許世楷の役割は大きかったように見える。だがすべてを個人の個性に解消するのでなく、そこに時代や環境との影響関係を読み取る分析もまた不可欠だろう。

まず創刊の前後には、国民党高官の経歴もある雷震ら『自由中国』グループが蒋政権の抑圧体制を内部から鋭く批判し、台湾人政治家らもふくめた反対党の結成を準備し、六〇年九月に弾圧を受け投獄される事件があった。こうした動きを意識してだろう、『台湾青年』は六二年の社説で、二〇万を越す台湾人兵士、九五〇万の「台湾同胞」がいる他に、「われわれが手をさしのばすのを期待している中国人自由主義者がいる」として、「一握りの国府分子を崩壊させることは決して難事ではない」と「台湾人の奮起」を呼びかけていた。(13)

まだこの段階では、二二八事件以降の打撃から立ち直った台湾人政治勢力の台頭がなく、また国府軍における外省人兵士たちの存在も大きかったために、外省人側の不遇と不満をも身方に引き込む可能性を排除しない統一戦線的配慮があったようである。

とはいえもちろん独立革命の主体は、徴兵された青年層をふくむ台湾人と設定されており、圧倒的多数の台湾民衆の決起を促すことが組織活動の中心的課題をなした。ただしここでいう革命主体の台湾人という存在も、その理論設定の当然の帰結としてエスニックな境界を絶対視するものではない。独立革命を妨げようとするものは「たとえそれが台湾人であろうと、われわれの友人、親戚であろうとひとしく台湾人の公敵である。われわれはかれらを消滅するに躊躇しない」という。(14)その敵というのは傍観者をも含み「革命運動に非協力的なものは敵とさえみなされる」。なぜなら植民地解放のためにせよ「革命は決して温情的なものではありえない。それは冷酷非情で、血腥い」からである。

この決意の背後には、なぜ一握りの支配者によって十数年の恐怖支配が続き、日々政治犯の血が流されつづけているのか、その最大の理由として、「過去日本総督府の走狗となり、戦後一変して蒋政権の走狗になって」きた一部の台湾人協力者の活動に、国際情勢の好転と外部からの支援を期待するだけで内輪もめを繰り返す反政府運動の側の混迷が加わり、暴力に囲まれた民衆が決起に立ち上がる必然の道が、台湾人自身の無力によって閉ざされてきたことを直視すべきとする認識があった。先に紹介した出身を問わない平等・友愛の立場にしても「共和国を敵視するものを除き」という限定が付されている。これは民族主義的な忠誠審査の論理ではなく、それとは別次元の独立建国の戦争のための論理として受けとめるべきものであろう。平等の友愛を裏返したものとして「いかなる出身であろうとも、運動を妨害するものは必ず懲罰を受ける」ことが「運動の大原則の一つ」だと、はばかりなく明言されているからである。

そして台湾人協力者をふくむ少数特権層の分断支配の状況を打ち破るために、彼／彼女らはまずみずからの生命を賭して武力革命闘争を切り開こうとした。台湾への潜入が危険で自殺行為であっても「われわれが鮮血を流すとき、口では自由を叫び、陰では独裁者を支持する頑迷なアメリカも悪夢から醒めよう。われわれが敵に倒されるのを見れば、われわれの同胞は一層奮起しよう」と呼びかけられた。

このような主張を現実具体的な展望を欠いたままの決意主義の陶酔と評するのはたやすい。だがこうした「心理革命」の段階を越えることで初めて、彼／彼女らは帰国の途を放棄し、いつ投獄され家族の身に累が及ぶかもしれない闘争の組織化を始めることができたのであり、この闘いは現在の台湾民主化を切り拓く重要な役割をはたした。

以上瞥見した初期の『台湾青年』グループの活動は、台湾独立の前衛を二重の意味で担おうとするものであったといえる。ひとつは人民自決をふくむ人権運動としての理論武装の前衛との意味であり、実際この理論は八〇年代後半からの台湾民主化を支えるものとして継承発展されていった。もうひとつは民衆蜂起の捨て石としての覚悟で組織化を開始した前衛組織論の認識においてである。

なお日本における台湾史研究の開拓者のひとりで、政治的には自律的な中台統一の可能性を追求した戴国煇は、前章でも触れたように台独派批判の代表的論客として影響力をもってきた。彼は同世代の『台湾青年』グループとはライバル関係にあった。だがその台独派批判は、『台湾青年』グループを廖文毅ら旧世代の台湾民族主義論と同列に置いたうえで、おしなべて少数者の存在に目をむけない福建系台湾人の偏狭さを指弾する誤認を基盤としたものであった。戴は『台湾青年』グループが「廖らとは異なる独自の運動を進めた」ことを認めながら、その独自性の内実には一切触れず、他方で廖らの帰順事件によって旧世代の素朴な台湾民族論はみずから裏切られたとし、これをもって台独派の主張全般の破綻とする。戴は台湾独立運動のような「秘密結社的な政治運動は虚実あいなかばして、その実体の解明と把握は容易ではない」と述べているが、内情をふかく推し量ろうとする以前に、はたして台独派の公刊していた機関誌を読んでいたかどうか疑問なしとしえない。読んだうえで、なおそれを廖文毅らと同一視したならば、『台湾青年』グループの解放論は口先だけ、紙の上だけのものにすぎないとする批判があってしかるべきであったろう。[15]

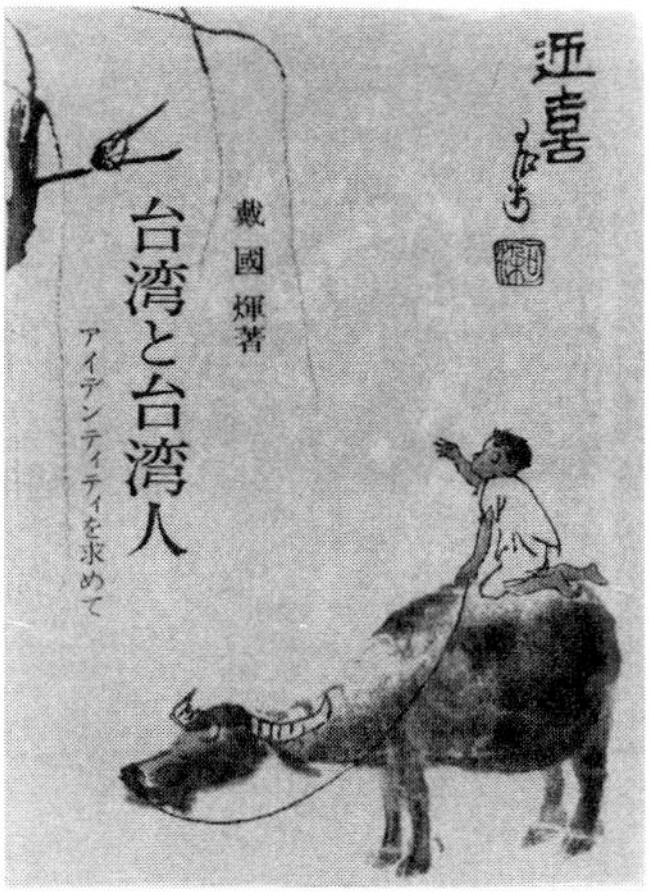

戴国煇『台湾と台湾人』研文出版、1979刊。書名と同名の巻頭書き下ろし論文で在日台独派を激しく非難した。

一口に台独派、あるいは『台湾青年』グループといってもメンバーは各人各様の個性をもっており、また主張と実際の行動が乖離することがあっても何ら特殊な現象ではない。だがそうした検討がないままに同一視が行なわれ、一律に非難のことばが綴られている以上、戴の『台湾青年』グループに対する批判は偏見に根ざしたものと評するほかない。それだけの深い人間的な確執と断絶が両者の間に刻まれつづけていたことを、いまわたしは両者のすれ違いの対立関係のなかから感じ取るのみである。だが小林『台湾論』あるいは在日台独派の主張を超えるということは、同時にこのような偏見に根ざした批判の限界をも超えるものでなければならないはずだ。[16]

2　台湾民主化の進展と在日前衛拠点任務の終焉

初期の『台湾青年』グループにおいて、年長で学究肌の王育徳は啓蒙宣伝活動によって展望が開けるとの認識が強かったが、彼以外のより若い中心メンバーの大方は、武力闘争の前衛たらんとする展望を共有していたという。[17]おおむね一九六〇年代前半において『台湾青年』は、ケネディ政権の外交政策やフランスの中国承認などの追い風をうけて日本のマスコミにも好意的に取り上げられ、新規加盟者を続々と迎えて組織拡大を続けていった。
六〇年代後半の激動の時代を迎える以前、日本では台湾独立を敵視する意見はあまりなく、むしろ好意的に受けとめる方が多数派を占めていたようである。アメリカの政治学者ダグラス・メンデルがまとめた世論調査「台湾の将来に関する日本人の意見」（メンデルの依頼で中央調査社が一九六二年一二月に実施。調査人数二〇〇三人）では、独立三三％、中共統治六％、現状維持二〇％、分からない四一％であった。独立支持回答者を政党支持別でみると、植民地解放運動の一環として認識されていたせいか、意外にも社会党系が三九％でトップであった（自民党は三五％、民社党は二九％）。そして政党それ自体の政策では、民社党が六四年の党大会で「一中一台」方針を打ち出していた。この時期、欧米の社会民主主義政党の多くは台湾の地位は台湾住民の意志によって決定されるべきとの立場を取っていた。[18]
こうした順風満帆の拡大期に終止符を打ったのが六四年七月のスパイ査問事件であった。これは国府大使館員に脅迫されて情報を流していたメンバーを査問中、突発的に傷を負わせ、治療後「告白書」を書かせて和解のようになったが、後に大使館の使嗾で委員長の黄昭堂以下七人が警視庁に逮捕、告訴された事件である。一カ月近くの拘留後、全員に二年から八カ月の執行猶予付き有罪判決が下った。これによって「集団リンチ」の暴力集団のイメージが拡がり、加盟者やカンパは激減し、マスコミでも一向に取り上げられなくなった。(19)

これが『台湾青年』グループにとって日本での長い孤立と試練の期間の幕開けとなった。時代が進んで日本統治時代に日本語教育を受けた世代の学生が絶えてきたせいもあるが、前章で見た六〇年代後半のあいつぐ強制送還事件によって、台湾からの留学生は国府と結託している日本を避けるようになり、海外独立運動の拠点はアメリカに移った。国際情勢もヴェトナム戦争のなかで一中一台論は後退し、文革の影響で日本国内のマスコミが台湾の独立運動や民主化に関心を寄せることもなくなった。こうした孤立状態は九〇年代の民主化の達成まで基本的に続くことになる。

いま試みに在日台独派『台湾青年』グループの歴史をおおまかな時期区分によって整理すれば、次のようになろう。

第一期：一九六〇年—六四年前半　初期の上昇拡大期
第二期：一九六四年後半—七二年　孤立化の開始と闘争の時代

第三期：一九七三年―九一年　孤立化の定着と海外救援運動の時代
第四期：一九九二年―現在　日本の保守論壇を主対象とする政治宣伝工作期

以下に第二期以降の各時期の大きな特徴を概観していこう。

孤立化の開始と闘争の時代

一九六〇年の創刊から六四年前半までを初期の上昇期とすれば、スパイ査問事件から日中国交樹立のあった七二年までが、孤立化の開始と弾圧に対する闘争の時期といえる。前章でもすでに見たように、『台湾青年』グループは日本のマスコミから排除され、孤立のなかで日台両政府による弾圧と闘い、また日本の親中国的左派陣営との「台湾処理」論議をめぐる論争を激しく展開した。その一方で、六五年後半からは台湾島内における抵抗運動との連携・浸透工作に活動の重点を置くと宣言した。

六四年には台湾人兵士の反乱や外省人兵士のクーデター未遂事件、そして国際的に著名な法学者彭明敏らの「台湾人民自救宣言」事件など、台湾内部での蒋政権への反撃がこれまでにない形で現れていた。彭明敏事件など島内の地下抵抗運動の発覚は、七〇年代以降に顕著に現れることになる、経済成長後の台湾人の政治運動の復活を先取りした動きといえよう。台独聯盟はこの「島内における革命の気運」の高揚に呼応して、この時期委員長に迎えた辜寛敏の資金力（父親名義の日本国内の土地から油田が湧いて遺産が転がり込んだことによるという）を背景に、島内の地下抵抗運動および欧米の台湾独立活動家との連携を積極的に推し進めた[20]。六〇年代後半の数多くの強制送還事件は、これに対する蒋政権の側からの反撃でもあった。

彭明敏『自由的滋味　彭明敏回憶録』前衛出版社、1988年刊。彭は台湾の国家建設を訴える「台湾人民自救宣言」を配布しようとして64年に叛乱罪で逮捕されたが、70年に台湾脱出に成功、本書はその後の定住地となったアメリカで72年に英文で出版された。台湾での公刊は戒厳令解除後。彭は「台湾独立運動の教祖」と呼ばれ、96年の初の総統直接選挙では民進党公認候補として出馬。その96年に本書の日本語訳『自由台湾への道』が社会思想社から出版された。

『台湾青年』グループは発足の初期から、日本で秘密メンバーとなった者の帰国と往来を通じて情報収集や宣伝工作を開始し、また五虎将とよばれた代表的な反政府台湾人政治家のひとり郭雨新（一九〇八―八五年、五一〜七二年に台湾省議員に連続当選）と連携して党内工作のルートを拡げていった[21]。

六〇年代後半から七二年頃まで、世界的な変革の奔流のなかにあって、台独聯盟もまた、いまこそが勝負の時期だと見て多面的な活動を展開した。島内の反政府抵抗運動に根ざし、世界的連携のもとで展開される台湾独立運動は、この時期に始まったものだといえる。その目に見える成果として、七〇年二月、島内と欧米日の組織が合同した台湾独立聯盟の結成が挙げられる。台湾青年独立聯盟はその日本本部となった。

聯盟は結成当初から、国際連帯活動の強みを発揮した。七〇年一月末、軟禁状態におかれていた彭明敏を台湾からスウェーデンへの脱出に導いて世界的に衝撃を与え、また四月にはアメリカ留学中の聯盟員による訪米中の蔣経国への狙撃事件が起こった。だが台湾をめぐる国際情勢の変動は、蔣政権の「中国」を国際社会から排除するだけで、その国内統治体制に対する変革にまで進むものとはならなかった。その結果、国府は国際社会から追放されてなおいっそう国内の弾圧を強化し、強圧支配の維持をはかるという、台独運動にとって最悪の事態がもたらされた。

民主化運動の進展と外省人連帯論の後退

一九七二年までの台湾問題をめぐる一大転換期を乗り越えた後、台独聯盟には孤立のなかの敗北感がしばらく広がったように見える。元委員長辜寛敏の七二年の投降は衝撃とともに財政的な後ろ盾の喪失をもたらした。また台湾の存在自体が大国中国の影に入って忘れ去られたため、外部からの資金援助もとだえ、活動資金は枯渇した。それでも毎月の機関誌発行と運動の継続が可能だったのは、盟員が月収の一割を毎月活動資金として提供するといった組織的団結の強さに支えられてのことだった。孤立化の開始と闘争の時代につづく『台湾青年』グループの第三期は、長い孤立の忘却のなかでも、台湾内部で進む民主化運動を支援し、弾圧に対する海外からの救援活動を行なう役割に従事した時代となった。

一九七〇年代後半になると、銃殺前の政治犯の模様をテレビ放映するなど残虐な恐怖支配を続けていた国民党政府に対する目立った反撃行動も、台独聯盟の台湾島内グループから繰り出された。七六年の高圧送電塔爆破は、南部一帯を停電させることで反政府勢力の実在を島内の民衆に広く知らせるためのものであった。また同年には手紙爆弾による謝東閔（台湾省主席、台湾人）ら政府要人への攻撃も個人レヴェルで行なわれた。

海外に出た知識人を中心とする台独聯盟の最大拠点はアメリカに移ったとはいえ、地理的に近接した日本は、台湾からの脱出および島内工作の拠点として重要な位置を占めていた。前述したとおり、台独聯盟日本本部は強制送還された盟員の柳文卿を救出する目的で沖縄の与那国島に台湾からの脱出者の受け入れ拠点を作っていたが、これが七〇年代後半の弾圧救援活動に役立つことになった。かつて日本に滞在して台独聯盟の秘密メンバーとなった陳明財は、七六年の送電塔などの爆破事件の容疑者として捕らえられ、拷問による取調を受けていたが、台北への押送時に隙を見て逃亡し、子の栄慶とともに同年七月

陳銘城『海外台独運動四十年』前衛出版社、1992年刊。表紙中央は70年に訪米中の蒋経国を台独聯盟メンバーが狙撃して失敗し、逮捕された時の写真。下は訪米の帰途に来日した蒋経国にむけて東京で在日台独運動各派が合同して行なったデモ行進。左側で先頭に立ってプラカードを持っているのが辜寛敏、同じく右側が史明。

美麗島事件（中国時報編刊『台湾：戦後50年』1995年より）。高雄市内で国際人権デーの「たいまつデモ」を行進中の群衆を警官隊が包囲して衝突、多数の負傷者を出す。この衝突事件を口実に民主化運動指導者が一斉逮捕された。

に石垣島への脱出に成功した。陳父子は日米の台独聯盟と国際人権組織の奔走によって渡米し、国民党政府の弾圧支配を訴えて回った（民主化の後に帰台）。つづいて七七年五月には前年に停刊させせられた反政府雑誌『台湾政論』の副編集長、張金策と、同誌に関係した嘉義県議員呉銘輝が弾圧から逃れて与那国島に渡り、聯盟日本本部の手配で渡米して台湾の人権問題に関するアメリカ議会の公聴会に出席し、国府の人権迫害を身をもって証言してみせた。[22]

こうした国府と反政府民主活動家とのあいだのせめぎ合いをへて、一九七七年一一月の中壢事件、七九年の美麗島事件[23]など台湾内部で民主化を求める大規模な大衆的運動が始まった。なお多くの犠牲と曲折をへながらも、この大きな流れは八六年の戦後初の野党、民主進歩党（民進党）の結成から、八七年の戒厳令解除、九六年の総統直接選挙、そして二〇〇〇年の政権交代へとつながっていった。この大規模な民主化要求運動の展開は、『台湾青年』グループの基本的な運動理念と方法の設定にも内在的な影響を及ぼしたように見える。

その決定的瞬間は中壢事件のなかの有名な場面に見出すことができる。不正選挙の抗議に立ち上がった民衆に対し、鎮圧のため出動させられた軍隊は発砲命令を拒んだ。このとき台湾人兵士はすでに国府軍の九割を占め、もはや二二八事件の軍事的大虐殺の再来はありえないことが明白になった。これ以後、大衆的民主化運動への弾圧には特務機関をふくむ警察力とマフィアが駆使されることになった。これは台湾社会の全領域において台湾人が主役となる事態がやがて確実に訪れるであろうことを印象づけるできごととなった。そしてこうした確信と反比例して、七〇年代初めまで前面に押し出されていた外省人との連携姿勢は強調点を外され、後景に退いた観がある(24)。

これは台湾人を主体とする独立ないし民主化運動の具体的な進展の背後で、在日独立運動に芽生えていた可能性のひとつが摘み取られる過程だったといえるかもしれない。これまで外省人との連携の線を強く打ち出していたのは、『台湾青年』グループのなかでも普遍的人権運動の側面を支えた許世楷のほか、日本人の中心メンバーの宗像隆幸や鄭飛龍（台湾留学から帰国した日本人で本名不明）などであった。とくに宗像は民衆感情がどうであろうと、台湾人と外省人の間の不信感をあおることは権力側を利するだけであって「民衆感情を乗り越えて反蒋勢力を結集して行くところにこそ革命組織の指導的役割がある」と強調した。宗像は革命の理論家としての役割を強く自負した人物だが、こうした独立解放のための革命的連帯の主張は、革命理論からの単純な演繹の産物ではないだろう。一般に外省人に敵対感情をもたねばすまない台湾人のそばにいて、その構造的な断絶矛盾の再生産に身近に接していたからこそ、内在的な第三者の位置からそこに歯止めをかけ、克服の道を台湾人側に提起しようとする意図が、そこに込められていたように思える。また鄭飛龍は、命令にただ従っただけで大陸から連れ込まれ、結婚もできず家庭も持てず兵営に閉じこめられて大陸反攻のスローガンを唱えさせられている数十万の「老兵たちの半生の犠牲」に、深い哀しみと同情とを注いでいた。(25)『台湾青年』グループが打ち出した外省人との連帯の主張は、単なる個人的資質の総和による偶然の産物というだけでなく、台湾人と外省人のあいだの断絶の発端をもたらした日本という場にあって、その歴史性を受けとめた者たちを指導的幹部として中枢に迎え入れていたことから導かれたものかもしれない。

この点は『台湾青年』グループにおいて自覚的に主張されたことはないものだが、海外独立運動一般に解消されない、日本での台湾独立運動が生んだ最大の独自性のひとつは、この歴史的因縁を背景にした外省人連帯論であったと、わたしは推定する。そこには日本国が台湾問題の発端と展開に深く関わってきたことの責任性を見失わずに、台湾の民主化運動に関与し、貢献する小さな可能性の道が開けていたと言えるかもしれない。

だが八〇年代の大衆運動の高揚のなかで、宗像自身も、問題の本質に「中国人による台湾人支配体制」の打倒の課題があることをあらためて確認し、民衆の抵抗運動に対する台湾人将兵の協力、呼応によってこそ武力革命が遂行されるという戦略を推し進めていった[26]。台湾人社会の独立ないし民主化運動の実力が蓄積から発揮へと大きく前進することによって、外省人連帯論の必然性が掘り崩されていったのだとしたら、それは個々人には抗することのできない歴史の展開として受けとめるべきことだろう。現在、在日台独運動は、日本の反中国保守主義者に加担してその敵意を煽り立て、また台湾の政治対立の構図を台湾人と「台湾におけるチャイニーズ」（外省人のこと）のあいだの宿命的な対立関係として描きだす[27]ことによって台湾独立を近づけようとする戦略を取っている。だがそれとは正反対の取り組みが同じ人物――ここでは宗像隆幸を指すが、彼にとどまることではない――によってかつて行なわれていたことをも、歴史の展開のなかで忘れ去ってしまってはいけない。

主張や理念が変じたことをもって、意見を異にする相手を非難するのは最低の所業だ。この場合それは間違いない。相手に都合の悪い過去の発言を引っぱり出して、現在を変節と名付け、いわば初心に帰ることを期待するといった行為は、歴史との真剣な対峙とはまったく無縁なものである。それは個々人の現在にいたる葛藤の軌跡を、選別的に価値付けて付与しようとする、人間とその歴史に対する侮辱にほかならない。だがそれでもなお、むしろそれゆえにこそ歴史を問うことの意義はより切実になる。過去の営みも、また現在の営みも、まさに歴史のなかに現れているのであって、現在のありようを知るためには、その来歴を過去の歩みからたどり直し、その歴史的位置を見定めることが不可欠だからである。そして現在が、過去に発した多様な可能性のなかのひとつの姿にほかならないことを受けとめることによって、いまの情況に埋没するだけでない新たな可能性の開拓の道が、そこから開けていくからである。

在日政治宣伝部隊への転換

台独聯盟は一九八〇年代後半の台湾民主化の大きなうねりのなかで、海外からの支援・救援活動を行なうばかりでなく、主席の許世楷が八八年に「台湾共和国憲法草案」を発表するなど理論面で一定の影響を与え、また入国管理のブラックリストに載った幹部たちが台湾に潜入して集会に登場する島内政局への直接参加戦略を八九年から敢行し、九一年一二月には総本部の台北移転に成功した。

弾圧に遭いながらも総本部の移転を成功させたことは、台湾島内の運動を主力としつつ、そこに聯盟日本本部をふくむ海外独立運動が連携し、合流する形でもたらされた台湾民主化のひとつの大きな成果であった。この強行突破行動によって反政府人物のブラックリストは解禁されていき、そのなかで台独聯盟は民進党内部にも聯盟系とよばれる一勢力を築いていった。[28] だがこの躍進のなかで日本の台湾独立運動は大きな転機を迎えた。

まずなによりも主戦場は台湾に移り、日本で運動を組織化して行なう必要性がなくなったからである。全政治犯の釈放によって七七年以来活動してきた「台湾の政治犯を救う会」は九四年に解散し、海外からの救援運動の役目も終わった。また運動理論ないし組織論の面でも、想定してきた武力的民族革命の蜂起ではなく、きわめて漸進的な民主化要求運動の積み重ねによる進展となって現実の民主化が推移したことから、修正が必要となった。九一年の総本部移転にむけて、台独聯盟は武力革命方針をめぐる政府の逆宣伝と民衆の疑念に対する措置として「すべての平和手段で独立を勝ち取る」方針に切り替え、移転の際の弾圧に対しても「あくまで平和路線を貫く」態度でのぞんだ。(29)『台湾青年』グループが出発時から自負してきた理論武装した前衛組織としての役割意識は、ここで時代の役目を終え、以後は代わって「平和路線」の枠内での政治戦略的な宣伝啓蒙活動が中心課題になっていく。

総本部移転の前後から聯盟日本本部が直面していた変動は、初期の運動確立期に匹敵するほどの大きなものであった。『台湾青年』は独立運動の指導的理論誌としての役割を長くはたしてきた。一九九五年の創刊三五周年の際に、編集長の宗像隆幸は今後も理論面で国家建設の具体像を構築していく課題を負うとしたが、同誌が先駆的に主張してきた問題の基本点は、民主化のなかである程度実現ないし共有されてきた。(30)より具体的な諸問題については現実の検証をへなければ机上の空論にすぎない。主戦場に参入してそこで討議と実践、検証をくりかえすほかない段階にいたったのである。だが他方で戦後五〇年になろうとする台湾内部の政治構造は、「洋独」と括られた海外独立運動家が入り込むことの容易でない複雑さをもってもいた（台湾内部にとどまって運動した独立派は、これとの対比で「土独」という）。台独運動の指導者・理論家として台湾でも一定の知名度をもち、名望家の出身でもあった許世楷が、九五年一二月の立法院選挙に郷里の台中から出馬して大敗したことは象徴的でもあった。

もはや九〇年代半ばには在日台湾独立運動の歴史的役割の大部分は終えられたと言って過言ではなかろう。それは過酷な条件の下で長年月にわたってみずからの役目を全うした名誉ある任務の完了といえる。しかし台独聯盟日本本部は解散したわけではない。独立実現の最大の関門となる台湾海峡危機に備えて、海峡危機と直接的な利害関係をもつ日本において、政府と世論の支持を取り付ける政治宣伝活動が、主要な任務として残されていたからである。一九九六年三月に宗像

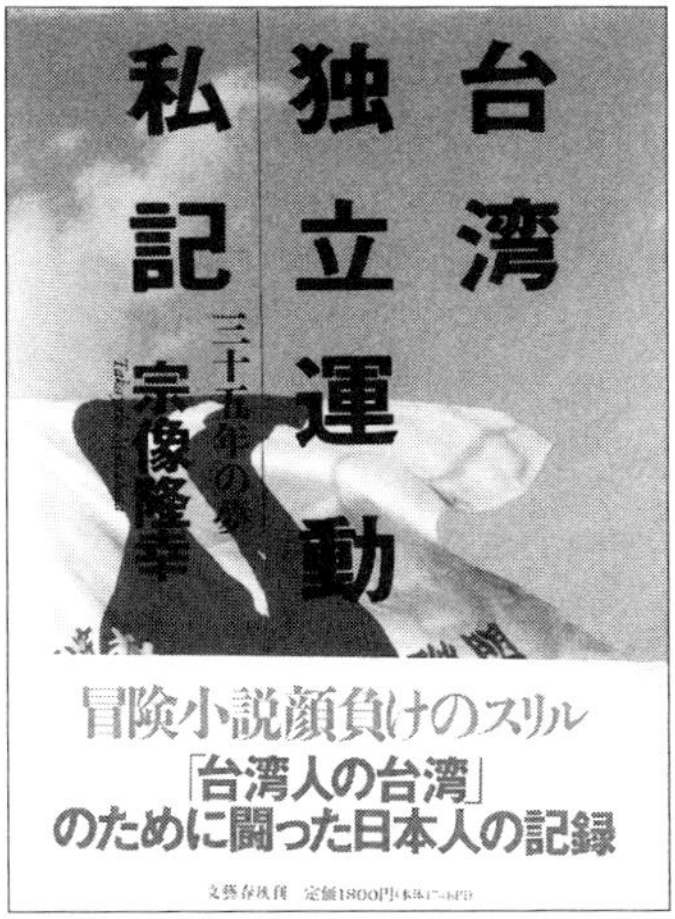

宗像隆幸『台湾独立運動私記』文藝春秋社、1996年刊。宗像は61年に台湾青年社に加盟してから現在まで『台湾青年』の編集を担当。著書に『ロシア革命の神話　なぜ全体主義体制が生まれたか』自由社、87年刊などがある。

隆幸が『台湾青年』グループの足跡（結成から七一年まで）を、刑事事件にかかわる領域をふくめて「冒険小説顔負けのスリル」（同書オビの文句）で描いた『台湾独立運動私記』を文藝春秋から公刊したのも、この文脈で理解できることである。

この在日台湾独立運動の再出発に際して台独聯盟日本本部の指導者に登場したのが、小林『台湾論』の生みの親、金美齢、および黄文雄である。これまで第一・二章で述べてきた経緯を前提として、その現在の政治宣伝戦略を検討していこう。

注

（1）二〇〇一年三月三日『中国時報』『自由時報』など参照。また三月初めまでの論争の推移については『超台湾論』所収の轡田竜蔵「台湾でも『台湾論』論争が始まった」で紹介されている。

（2）上島嘉郎「親日か、反日か、揺れる台湾を緊急リポート」『正論』二〇〇一年五月号、九四頁。

（3）金美齢「金美齢痛快血風録」『諸君』二〇〇一年六月号。

（4）金美齢「国と国籍と個人と」『台湾青年』一九九四年一一月号、一四頁。

（5）在日台湾独立運動について本格的な検討を行なった先行研究はないので、本書の分析はもっぱら、回顧的文書をふくむ運動の側の一次資料に基づく筆者の分析による。運動当事者の側の回顧と整理、運動史論としては黄昭堂の『台湾那想那利斯文』『黄昭堂独立文集』（ともに前衛出版社、一九九八年）や宗像前掲『台湾独立運動私記』があり、とくに宗像前掲書は七一年までの台独聯盟の歩みを整理している。海外台独運動のひとつとして在日運動を取りあげたものに、陳銘城前掲『海外台独運動四十年』、Claude Geoffroy（黄発典訳）『台湾独立運動』前衛出版社、一九九七年があるが、両書とも日本語資料を参照していないようで、運動の中核をなす言論活動を具体的に検討できていない。だが運動に関わる諸事件の内部事情などについては、とくに陳銘城は関係者へのインタビューで探索しており、七〇年代以降について宗像前掲書を補う役割をはたしている。

（6）黄昭堂の生家は台南の漁村の名望家で、養殖業を営む父は二二八事件で治安維持・食糧確保・政治改革にあたった二二八処理委員会のメンバーとなり、後に指名手配の身となった。黄自身もこの時に警官と衝突して拘留され、多額の保釈金を積んで一命を取り留めた。この二二八経験を原点として、台湾大学卒業後、五八年に日本に留学してすぐ独立運動に参加した。主著に『台湾民主国の研究』東京大学出版会、一九七〇年、彭明敏と共著『台湾の法的地位』東京大学出版会、一九七六年、『台湾総督府』教育社、一九八一年。

（7）許世楷は、二〇年代以降の抗日運動に多く関わった台湾中部彰化の抗日の名家に生まれた。祖父は台湾文化協会調査部長、伯父は上海・モスクワ・東京に留学した著名な左派の運動家、父は員林事件で裁判長を担当した裁判官で、二二八事件ではこの三人が指名手配されたほか、自身も台中で武器運搬などに関わった。台独聯盟が台湾島内の抵抗勢力と連携する発端になった郭雨新との連絡（後述）は、許の父親と郭が親友だったことがきっかけとなった。抗日運動から二二八事件をへて独立運動にいたるラインを体現した存在といえる。現在は帰台して教鞭を執っている。主著に『日本統治下の台湾』東京大学出版会、一九七二年、『台湾新憲法論』前衛出版社、一九九三年修訂版。

（8）社説「三年目の戦いを迎えて」『台湾青年』一九六二年四月号。戦前の『台湾青年』は、日本統治時代の唯一の台湾人の新聞で政治・文化的抗日運動の拠点となった『台湾民報』などの前身。

（9）アイゼンハワー政権期に始まりケネディ政権で本格的に着手された一中一台路線への転換については、Gordon H. Chang, *Friends and Enemies*, Stanford University Press, 1990. 戴天昭『台湾戦後国際政治史』行人社、二〇〇一年参照。ケネディ政権の国務長官を勤めたラスクが、これ以前の民主党トルーマン政権期の一九五〇年に指揮した蔣介石に対する未遂のクーデター計画については、Bruce Cumings, *The Origin of the Korean War, vol. 2 : The Roaring of the Cataract, 1947-1950*, Princeton University Press, 1990, pp. 531-544.

（10）宋重陽「曲がり角に立つ海外独立運動（上）」『台湾青年』一九七九年七月号。

（11）社説「自由を愛する諸国民に訴える」『台湾青年』一九六一年四月号。

（12）社説「自由のための闘争」『台湾青年』一九六四年二月号。高見信「台湾人の定義について」同前誌六五年七月号。許前掲「台湾独立運動の理念と方法」。
（13）社説「台湾人の奮起なくして台湾独立なし」『台湾青年』一九六二年六月号。
（14）以下の引用は前掲社説「台湾人の奮起なくして台湾独立なし」、社説「台湾人は心理革命を必要とする」『台湾青年』一九六二年八月号より。
（15）戴国煇「台湾と台湾人」同『台湾と台湾人』研文出版、一九七九年。戴前掲『台湾』一七二―七六頁。なお戴は一九三一年台湾北部桃園県に生まれ二〇〇一年一月に亡くなった。
（16）『超台湾論』所収の論稿もまた各人各様の個性をもっており、一貫した特徴とはいえないが、戴の議論の影響は比較的に目立っている。前述の上杉論文のほか、羽根次郎「台湾史研究者・戴国煇氏の「遺言」」では戴の在日台独派批判が、批判的検討抜きに、明示的に受け継がれている。また松永正義「小林よしのり氏と「台湾独立論」の問題性」（一九頁）は、八〇年代以降の台湾では、旧世代の台湾民族論でなく、「四大族群の融和を課題とし、外省人を排除しての独立ではなく、大陸に対して独自の国際的人格を確立するという意味での独立」論が主流になったと整理しているが、それと在日台独派の独立論との関連は言及されず、在日台独派はすべて旧世代の台湾民族論の範囲内に一括されるかのようである。
　なおこうした整理は、おおむね八〇年代後半以降に黄昭堂など台独聯盟の側がみずからの歩みを回顧して論じる場合でも採られている。出身を問わずに台湾人たろうとする者をすべて台湾人ないし台湾民族に包含しようとする議論、「無差別アイデンティティ論」が現れたのは七〇年代中葉からの一大変化だとされる。この無差別論が六〇年代の『台湾青年』グループの中核にあったことは疑いない事実であり、宋重陽前掲「曲がり角に立つ海外独立運動（上）」（七九年）でもその先駆性が称揚されていた。なぜそれが隠蔽されていったのか。無差別論に対しては聯盟内部においても、独立戦争の戦闘主体となるべき台湾民族主義を形骸化させる弱点を批判されており、こうした台湾民族主義の定義をめぐる微妙な政治論争が、いまも政治情況の推移のなかで内燃しつづけていることが、六〇年代における『台湾青年』の思想的営為の原点を過去に埋もれさせる原因のひとつとなっているように見える。外省人台独派の存在に配慮して台湾民族主義の敷居を低くすることと、外省人を「台湾におけるチャイニーズ」として括って反中国の敵愾心を身近なところで実感させる民族排外主義の戦術論を立てることの折り合いをどう付けるかは、いま小林『台湾論』をめぐって台独聯盟が直面している課題である。黄昭堂の台独聯盟史の整理は前掲『台湾那想那利斯文』『黄昭堂独立文集』、とくに台独聯盟ホームページ http://www.wufi.org.tw でも読むことができる黄昭堂「戦後台湾独立運動与台湾民族主義的発展」を参照。

（17）宗像前掲書八五頁。

（18）Douglas H. Mendel Jr., Japan's Taiwan Tangle, *Asian Survey*, Vol.IV, No. 10, Oct., 1964.「各国社民党の台湾政策」『台湾青年』六五年七月号（民社党外交委員会機関誌『国際情報』一二一号より

転載)。
(19) 王育徳「きびしい試練をへて」『台湾青年』一九八〇年三月号。宗像前掲書一一四—一一六頁。
(20) 主張「〃何故〃から〃如何に〃の運動へ」『台湾青年』一九六五年八月号。「連盟の全力を島内に」同前誌六六年二月号など。辜寛敏はスパイ査問事件以後の財政的窮迫を救うかたちで委員長に迎えられた存在で、その面での功績は甚大であった。一九六五—七〇年の委員長在任中だけで少なくとも五千万円支出したといわれる。辜は日本植民地時代の協力者の大富豪、辜顕栄の子で、七二年に国民党政府に投降した。王育徳「投降の論理」『台湾青年』一九八〇年五月号参照。
(21) 陳銘城前掲書五〇—五一頁など参照。一九七七年の郭雨新の渡米後は郭の秘書だった陳菊が連絡拠点を引き継いだ。
(22) 同前一八八—九三頁。
(23) 中壢事件は一九七七年一一月、桃園県長選挙に立候補した国民党外の許信良の得票を無効にする画策が行なわれたのに対し、一万人を越える群衆が警察署を包囲して焼き討ちにした。結果、開票の不正は徹底されず許の当選が確定した。美麗島事件は七九年一二月、反政府政治勢力を結集した雑誌『美麗島』の主導によって高雄で大規模に行なわれた国際人権デー記念集会に対し、官憲側が意図的に衝突を引き起こし、施明徳、張俊宏、陳菊、現副総統の呂秀蓮など急進派指導者を一斉に検挙、叛乱罪で重刑に処した事件。現総統陳水扁はこの事件の弁護団の一員となったことから民主化運動に参加した。

（24）それでも一九七五年に台独聯盟から許世楷が起草を委託され八八年に発表にいたった台湾共和国憲法草案は、国民が自由に帰属を選択する四つの「文化集団」（福建系、客家系、大陸系、原住民族系）から各十人ずつ選出される上院議員と、人口分布にもとづく百選挙区からの百人の下院議員によって国会の構成とするなど、台湾社会のエスニック・グループの多様性に配慮したものであった。この時期に主流となった「四大族群の融和」をかかげた独立論のうちに外省人連帯論は一応、吸収統合されたといえる。そしてこの草案をめぐっては、それを「外省人を排斥するものでない」として台湾の雑誌『自由時代』に発表した同誌主宰の鄭南榕が叛乱罪容疑の逮捕に抗議して焼身自殺し、外省人台独派の伝説的人物となるという展開を遂げた（草案全文や鄭南榕、許世楷の声明などは『台湾青年』八九年二月号所収）。人の決意の自死それ自体を軽々しく論じることはできない。だがそれとは別に鄭の死が遺し、突き付けてくるものは、ただに台湾独立へむけた省籍矛盾を越えた団結の可能性だけではない。その裏側にある困難性の大きさでもあった。鄭は父親が外省人だとされることから受ける断絶を背負いつつみずからは「一〇〇％台湾人」であることを貫いた。だがそれが自焚によって完成されねばならないものとなっただけに、一〇〇％の台湾人とは何者か、それは解放の条件なのか、誰によって定義されるのか、など台湾独立のイデオロギーと台湾社会の多様性、歴史的経緯の重みをめぐる問いが遺されたのである。こうした問題に幅広く正面から批判的な介入を行なったものとして

「仮台湾人専輯」『島嶼辺縁』六号、一九九三年（「仮台湾人」とは「偽台湾人」との意味）がある。

(25) 宋重陽「いかに戦うべきか」『台湾』一九六九年四月号。同「独立運動のいくつかの問題点について」『台湾青年』七〇年四月号。鄭飛龍「竹山道雄氏の見た「まぼろし」」同前誌六二年六月号。

(26) 宋重陽「武力革命路線を堅持せよ」『台湾青年』一九八六年六月号。

(27) 宗像隆幸「小林よしのり『台湾論』で台湾大騒動」『台湾青年』二〇〇一年五月号。

(28) 若林正丈『台湾　分裂国家と民主化』東京大学出版会、一九九二年、二七〇頁参照。

(29) 黄有仁「聯盟の台湾進出で島内反体制派と協調」『台湾青年』一九九〇年一〇月号。総本部声明「国民党は暴力を行使しているが我々はあくまで平和路線を貫く」同前誌一九九一年一二月号。

(30) 宋重陽「独立運動は日本から始まった」『台湾青年』一九九五年四月号。

第三章　「日本精神《リップンチェンシン》」をめぐる流用と歴史の声

金美齢と黄文雄が台独聯盟の指導的幹部として現れてくるのはおおむね九〇年代の後半からで、金は広報部長、中央委員、黄は日本本部委員長などを務めた。聯盟が前衛組織として政治と人権にかかわる理論活動を柱としてきた段階では、二人の存在はさほど大きくなかった。しかし九〇年代後半以降、それまでの幹部たちが「もう日本本部には何人も残っていない」なかで、二人の「日本人に台湾のことを知らせる活動」は突出し[1]、現在の『台湾青年』は『産経新聞』など日本の保守論壇の系列誌に変じた観が強い。この時期から、黄は冷戦崩壊後のアジアで広まった中国脅威論を背景に、中国批判の文明論の著作を一般向けに次々と公刊し、金は日本の国際化をめぐるひろい関心を背景に、親日的外国人の評論家（八八年に日本語学校校長となった）としてテレビのワイドショーなどに登場した。

黄文雄の言論活動は、八〇年代末から日本でベストセラーになっていた柏陽の『醜い中国人』シリーズを、軍事、歴史認識問題などを背景にした日本の中国脅威論の文脈に置きなおし、中国蔑視・対決論を強調することで、その背後から台湾独立の必然性への理解と支持を日本の保守論壇に拡げようとするものとして、比較的容易に特徴を押さえることができる[2]。だが金の方は、日本の保守論壇の反中国論に相乗りしながらも、日台関係のさまざまな歴史的因縁を背景に、自力で独自な言論を形づくり切り開いてきている。ここでは金美齢の言論活動の中核をなす「日本精神」継承論と日本統治時代の美化に論点をしぼって、その独自な性格と問題点を検討していくことにする。

1　二重に流用される「日本精神《リップンチェンシン》」

現在日本の保守論壇で流通している、台湾には戦前来の「日本精神」が継承されているとの議論の原型を、まとまった形で最初に提示したのは、金美齢「台湾で生きている「日本精神」」(『新潮45』一九九六年八月号。以下「新潮論文」と略記)である。原型だと述べたのは、ここで最初に提起された議論は、読者がある意味で誤読することによって、そしてその反響に著者がこたえる形で、その後内容を変えられていったからである。この誤読は著者が最初から予期し、企図していたものであり、金美齢による日台関係強化のための文化政治宣伝工作の高等戦術であるといえる。まずこの新潮論文における議論を検討しよう。

同論文は戦後日本では「日本精神」ということばが「禁句同然」になっていることを承知したうえで、日本語の「日本精神」とはあくまで異なる、台湾語でいう／発音するところの「日本精神《リップンチェンシン》」が戦後台湾で生成してきた経緯を紹介し、その背景を考察している。以下、引用文内もふくめて「リップンチェンシン」のルビを付した「日本精神」は台湾語のそれを意味する。この二つのことばを区別することは、金美齢の議論それ自体および本書の論旨にも大きくかかわるので煩雑だが注意されたい。

同論文が論じる台湾語のリップンチェンシンが生成した経緯をまとめると、戦後に日本が引き揚げ、解放の喜びもつかの間に国民党政府の腐敗した残虐な支配が始まり、政府批判は即座に逮捕・銃殺につながるという恐怖支配に置かれたため、台湾人は「腐敗と不正のはびこる末世において」かつての日本統治時代を美化し、日本時代を懐かしみ称揚することによって現在の国府支配下の社会と精神の頽廃を批判し、恐怖政治を婉曲に批判する屈折した抵抗を行なったというものである。そして台湾語読みのリップンチェンシンという「新造語」は、清潔、公正、誠実、勤勉、信頼、責任感、規律順守、滅私奉公などを意味することばとして、日本語の「日本精神」とは異なる別の意味合いをこめられて、庶民の間で自然に普及した。

この段階で金は厳密に「日本精神」とリップンチェンシンを峻別している。後者には腐敗した恐怖政治のもとで「台湾人が渇望した美徳のすべてがこめられ」ているため「台湾人の願望が過度の投影され」、日本統治時代にも「忌わしい思い出があったはずなのに美化され過ぎている」。しかし願望を投影する営みが自然に庶民のあいだで広まり、誰しもがその意味を了解できたのは、「何らかの実体の裏付け」があったからだとする。そして結論部では、幻視されるだけの「良き時代《ベル・エポック》」は過去に実在したと推論し、そこから「日本人はこのことを素直に誇りに思ってよい」として、戦後日本の「自虐」精神を戒め、「日本人の誇り」を奮い立たせようとして結んだ。

このテクストを読むものは、準備された混同と幻惑の効果に一瞬とまどうだろう。戦後台湾人の日本統治時代に対する複雑な心情それ自体と、その歴史性を解説する一方、そこから「良き時代」の実体を読み取り自立させようとする著者の新たな解釈がかぶさることで、いわば二重の流用（appropriation）の意味産出実践（signifying practice）に出くわし、迷いの中に引き込まれざるをえない(3)。金美齢が流用の文化理論に自覚的かどうかは分からないが、ここで実践しているのは単なる文化解釈の学である以上に、文化の記述をめぐる政治であることには留意すべきである。

金は、民主化の進展によって屈折した国府批判を余儀なくされていた時代が過去のものとなり、また日本統治時代を幻視する世代の人口が減少し、若い世代では現代の拝金主義の日本人イメージが浸透しているため、リップンチェンシンはいまや台湾で「神話になりつつ」あるという。そしてこのことばは「やがて死語と化してしまう」と断じ、それが死滅する運命を是認している。だがそれに続く結びの一文は「しかし、いまこれが本当に必要なのは、他でもないこの日本なのです」となっている。「これ」とは何を指すのか。結語の直前には台湾語のルビをふられた「日本精神《リップンチエンシン》」が提示されているが、これをどう読むか――カタカナという翻訳装置の向こうにある戦後台湾社会と日本の関係性に意識を集中させ、置き換えの不可能性を自覚するか、それとも戦後日本が忘れた「日本人のダイナミズムの元の元」[4]として「日本精神」を「リップンチェンシン」のルビをつけた新たな装いで再生させるか――は、読者にゆだねられているのである。そしてこの〝開かれた〟テクストは明らかに後者の実践に読者をいざなっている。

「日本精神《リップンチエンシン》」がいまの日本人に必要だとはどういうことか。金は日本語の「日本精神」が意味する一連の意識形態が好きではないという。そこには「偏狭な、奇矯な、不寛容な空気が張りつめて」おり、「神がかった、バランスを欠いた、非合理的な精神状態が色濃く表出されて」いる。もし「日本が戦争に勝っていたら「日本精神」がどうなったかを想像すると、この方がもっとゾッとします」とまで述べている。だから偏狭で不寛容、神がかった精神状態である「日本精神」が必要だと言うのではない。台湾人が日本統治時代＝戦前を美化し幻視した諸価値が、いまや日本社会にも必要になっているということだろう。

これ自体は、バブル経済崩壊後の日本社会の混迷を批判して、失われた過去の美徳を取り戻せという保守主義的主張にすぎないように見える。しかしこの入り組んだリップンチエンシン導入必要論の核心はそこにはない。過去の日本統治時代を日本人と台湾人双方にとっての「良き時代《ベル・エポック》」とすることで、その歴史および戦後台湾のリップンチェンシン幻想を、現在そして将来の日台関係を緊密化させる基盤として資源化する戦略がもぐり込まされている。歴史とその幻想を共有することで、これからの台湾海峡危機の際の支援者を確保して台湾独立の資源として役立てようとする危険な賭けに出たこと、これが金美齢の「日本精神《リップンチエンシン》」論の核心であった。

2　戦後台湾における「日本精神《リップンチェンシン》」の諸面貌

さて、このようなすぐれて政治的な文化解釈実践に対して、どんな批評と介入が可能か、検討を進めていきたい。

まずリップンチェンシンということばの意味について。このような複雑な背景をもったことばの意味するところを厳密に定義することはできない。その限界を前提としたうえでも、金美齢が行なう定義は一面的で、恣意的なものだといえる。以下にその多面的なありようを見ていこう。

戦後経済成長期の労働規律

まず金美齢の定義に即したかたちでいうと、清潔、公正、誠実、勤勉、信頼、責任感、規律順守、滅私奉公と羅列される諸価値は、戦前よりもむしろ戦後の高度経済成長の過程で日本社会に浸透し、海外にも広まった日本イメージであるように思える。資本主義の労働過程（とくに勃興期、成長期の）で成功をもたらすとされる労働規律の標識そのものでもある。金美齢もリップンチェンシンを具体的に説明するとき、ほとんどいつも次の用例を挙げている。「日本精神《リップンチェンシン》で店を経営している」といえば、「信用を重んじ、約束を守って人を騙さないというイメージが浮かんで」くると。この面からいえば、台湾の経済成長を支えた中小企業の経営者精神、あるいはそこでの労働規律の論理を引っくるめたものがリップンチェンシンの諸価値であるといえる。

これらの労働規律が「リップンチェンシン」として戦後台湾社会で括られたのは、やはり歴史的文脈をもっているだろう。近代文明の布教者として近代的な植民地支配／経営を確立しようとした戦前の「日本」イメージが、近代的法治主義とは異質な国民党政府の権威主義支配、その腐敗体制に対比され、「近代」性のモデルとして想起され捉えられたということである。(5) 戦後日本の経済復興過程で日本製商品が大量に台湾に出回ったことは、「日本」と「近代」のイメージを重ね合わせることの妥当性を確認させる効果をもったであろう。また時期的、構造的に日本の高度経済成長の後塵を拝するかたちで成功を希求した台湾の中小企業経営者が、かつて教えこまれた「日本精神」をみずからの世界観のなかで読み替え、自分自身の価値として獲得しなおす過程も、そこに見出すことができるであろう。

日本語世代の父親と戦後世代の台湾人の間にある時代と世代の壁をえがいて台湾で大ヒットし、日本でも話題になった映画『多桑(父さん)』(脚本監督呉念真、一九九四年)の印象的なシーンに、こういうものがある。何かにつけて日本びいきの主人公の父親は、妻や子どもたちとの台湾語の会話のなかでも日本語で「父さん」と呼ばせ、つねに日本語のラジオ番組をひとりで聴いている。ラジオの調子が悪く、故障してしまうと、これは日本製じゃない安物だから壊れるんだと愚痴を言う。これは

映画『多桑(父さん)』。作者の呉念真と坑夫であった父をモデルにした伝記的作品。呉はこう語る。「彼らがいまも日本を心のよりどころとしているということを日本の人たちにも知ってほしい。もちろん、日本が国家として戦争行為へのちゃんとした謝罪をしてくれることが、「父さん」たちの救済になることは言うまでもありません」『朝日新聞』1995年7月24日。

五〇年代のエピソードだが、九〇年代になって死期を目の前にして息子の家のテレビを見ながらもこう言う。台湾製ならすぐ壊れるが日本製はいい、日本にはいい商品がたくさんある。そして死ぬ前に一度皇居と富士山を見たいから行こう、と。ラジオやテレビがとくに声を伝える機械であることも関係しているが、その商品としての価値が皇居や富士山への崇敬と通底している。これらのシーンからは、日本製の家電製品が、戦前の近代的植民地統治の経験と戦後の経済成長の価値観をつなぎ合わせる「聖なる」事物として、戦後台湾の家庭のなかで眼差《まなざ》されていたことを教えられる。そこに見られるのは、台湾のポストコロニアル状況における日本製品のフェティシュ的性格である。

ところで新潮論文の後、金美齢はこの近代的労働規律としての「日本精神《リップンチェンシン》」を台湾人が受容したのは、日本統治時代に「日本人の立派な行いを目の前にみた(6)」感化作用の結果だと、戦後の現象の原点を明確に戦前に遡及させていったが、それによって生じる矛盾を保守派の論客小堀桂一郎から指摘されてもいる。小堀はいう。かつて一九七九年に訪台した際には、タクシーのみえすいたぼったくり、ホテルや飛行機の予約システムのいい加減さ、水の流れないトイレにあきれはてたが、その後、年を経るに従って「日本に似てきた。ホテルの予約の正確さとか係員のきびきびした受け答え、設備もサービスも、システム全体が日本の一流ホテルと変わらないぐらいに洗練されてきた。〔中略〕とするとこれは、時間経過から考えて日本精神とは関係がない変化ということになる。日本精神が台湾社会に影響を及ぼしているのなら、むしろ時代が遡るほどきちんとしているはずではないか」と。なんで台湾庶民のリップンチェンシンが一流ホテルの接客マナーや、コンピュータ制御の予約システムの完備と同義語のようになってしまうのか。これは金美齢がリップンチェンシンを日本統治時代に遡る労働規律受容とだけ定義したことからもたらされている、笑える〝誤解〟の一情景である。それでも金は「なかなか複雑なんです」とまじめに弁解している。小堀が見たのは台湾人が「中国式」に汚染されて「サバイバルのためになりふりかまっていられなかった時代」のすがたで、その後李登輝の時代になってから「本来の台湾人に戻ってきた」ようだと。(7) ここまでくると、たとえ冗談にしても度が過ぎていて笑えない。

「馬鹿正直」と旧敵の残像

しかし「日本精神《リップンチェンシン》」が喚起する意味世界は「近代」の労働規律と経済的成功だけではない。一九七三年に林景明は「台湾では、「中国式」は「狡い奴」、「日本精神」は「馬鹿正直」

の代名詞になって」いると述べている。(8) わたしが現在聞くところでも、リップンチェンシンには「馬鹿正直」の代名詞の意味があるという。そこには一つに、戦前からの近代的法治主義にもとづく毅然とした抵抗精神が、二二八事件以後の国民党政府の法を無視した残虐な弾圧で敗れ去った記憶が背景にあり、それがために「狡い奴」の「中国式」とセットに並べられるのだろう。

王育徳の兄の王育霖は、台湾人で最初の検事として京都地裁に勤めたが、戦後台湾に戻り、新竹地裁の検察官として外省人市長の汚職を摘発し、怨みを買って二二八事件で虐殺された。このことにも関わって、王育徳は法治主義と「日本精神」の関係をこう述べている。二二八事件で反乱に関与しなかった知識人たちは、外省人や大陸帰りの台湾人から早く逃げろとアドヴァイスされても、何もしていないのだから出る所へ出て堂々と言う、と「日本的、法治主義的な発想法」から逃亡のチャンスを無駄にし、秘密裏に殺された。これは「台湾人の日本精神となりますか」と。(9) この台湾人の抵抗精神にかかわる法治主義の概念については、後にあらためて検討することとして、いまは、それとは区別されるべきものとして「馬鹿正直」のイメージのルーツを探っておこう。

いま日本の植民地統治を礼賛してやまない黄文雄は、現在の政治宣伝戦略を明確にする

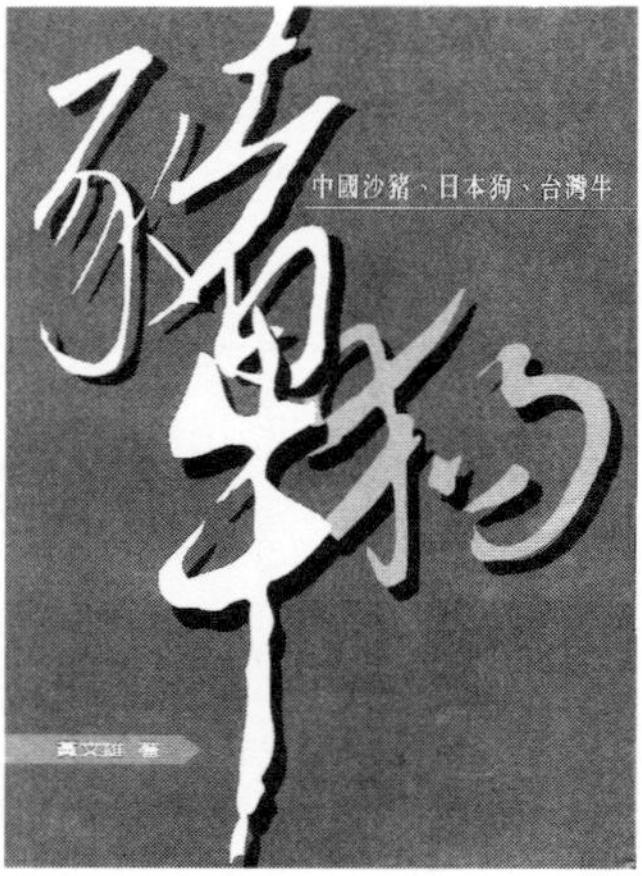

黄文雄（邱慎訳）『豬狗牛　中国沙豬、日本狗、台湾牛』前衛出版社、1997年刊。書名を和訳すれば「中国のブタ、日本のイヌ、台湾のウシ」となる。原書は『中国人の偽善　台湾人の怨念』光文社、1996年で、日本はイヌだというイメージが台湾版では付加されて出されたということになる。注（10）参照。

以前、一九九一年に、日本統治時代に台湾人という民族意識が生まれたことを論じるなかで、台湾人はみずからを牛にたとえ、日本人は犬、中国人は豚に象徴し、「原初的な民族意識のシンボル」を表現してきたことを、こう紹介している。「台湾人はよくはたらき、おとなしいから牛、日本人はずるがしこく、忠誠心が強いから犬、中国人は不潔で怠け者だから猪」と。[10] 日本統治時代に日本人が犬に例えられ、台湾人の間で侮蔑的にそう呼びならわされてきたこと、そして日本の手先になる台湾人が、人間と犬の中間の「三脚仔」（三本足）と呼ばれ憎悪されてきたことは、すでにひろく知られている。犬のイメージは、警官など日本人男性が街角でも平気で立ち小便をするのを笑ったところに起源があるとよく言われる。王育徳によると「台湾人は日本人を「臭狗」「四跤」（けだもの）とよんで敵愾心を燃やし、いつか日本人の支配をくつがえしてやると心底深く期した」というが、[11]「臭狗」の蔑称の背後には、街角の見慣れた光景が浮かんでいたのかもしれない。不潔（ないし下品）でずるがしこいというのは、戦前においては中国人でなく日本人に対するイメージであったと言える。

その負のイメージが戦後に「中国人」にスライドしていった事情については、まず黄文雄の次の分析を紹介しよう。彼は台湾の住民が移民社会の形成以来、数百年続けてきた血縁地縁にもとづく分類械闘（境界や水利などをめぐる同族集団間の武力衝突）をやめたのは、「日本人という共通の敵がこの島に入ってきてからで」あり、日本人に対する「武力抵抗から社会運動の過程を通じて、台湾人という共通の意識が生まれた」のだとする。[12]敵を悪くいって敵愾心をかきたて団結を固めるのは闘いの普遍的な論理である。そして日本統治時代に始まった、台湾人意識を共有する解放運動は、戦後、国民党政府の「中国人」を敵として、独立運動に発展した。敵の名前は変わっても、戦う主体は変わらないのであるから、敵に与える負のイメージが新たな敵にスライドして継承されていくのは何ら不可解なことではない。

こうして戦前に持たれていた、日本人のずるがしこい不潔なイメージは「中国人」に転化されたと考えられる。だがそれで戦前の日本人のイメージと記憶がすべて消失したわけではない。日本人と中国人という新旧二人の敵のイメージの交差は、戦後台湾社会で「犬が去って豚が来た」と表現されてきた。犬はよく吠えてうるさいが、番犬の役には立った、しかし豚はただ食って寝るだけだ、という意味である。ここには戦前の日本人イメージのうち、ずるがしこく不潔だという意味が抜け落ちた後に、「忠誠心が強いから犬」だという部分が生き残っている。そして旧敵に対する直接的な敵愾心がうすれていくなかで、特段にそれを悪くいう必要もなくなり、〃忠誠心の強い犬〃を別のかたちで言い直し、引き取ったものが「馬鹿正直」であったのではないか。「日本精神」(をうるさく吠え立てた)「馬鹿正直」(な)「忠誠心の強い犬」、という三つのイメージと記憶のつらなりが、もうひとつの「日本精神《リップンチェンシン》」の意味世界である。

戦後日本に「突き付けられた刃」

ところで、戦後の台湾人が「日本精神」を日本語の発音で、戦後日本人に対して語ることがある。その場合「日本精神」は「大和魂」とも言い換えられるが、そのような場面で生み出されている「日本精神」の意味も、戦後台湾における「日本精神《リップンチェンシン》」を論じる際に落とすことはできない。

金美齢は新潮論文の一年前に、映画『多桑』を批評した文章を発表している[13]。それは金の「日本精神《リップンチェンシン》」論が新潮論文で戦略的に整序される前に、このことばをめぐる彼女の原初的な想念を吐露したものと受け止められる。そこで金は「日本に憧れその文化を慕う者」が海外にいたということを「日本人にはうれしい衝撃」「これほど歓迎すべき映画は他にない」と評する日本の映画宣伝チラシ、そして英文で「借り物の人生」との副題をこの映画につけた作者呉念真の戦後台湾人の視点に対して、共に強く反発している。自分は戦後の日本を知り、その台湾に対する無関心のなかで生きてきたため、「多桑のように幻の日本に恋い焦がれなくてすんだ」。「多桑」の思い描く日本は、戦後の「圧制者に対する内に押し込められた憎悪が、過去へのノスタルジアに転化」した幻想である。だが「美しい幻を最後まで見続けた者の人生を借り物と決めつける権利は誰にもない」と。そしてこの映画に描かれた「多桑」世代の台湾人の姿は「台湾に何ら関心を寄せていない日本に突きつけられた刃」だと述べている。

金美齢は、映画『多桑』の主人公は「台湾に残され、歴史の時間が止まったまま月日を過ごしてきた」ために日本への幻想をもつことになり、それが当人の憧れと思慕とは裏腹に、戦後日本の台湾に対する無関心、無責任を衝く存在となっていることを捉えている。戦後世代の台湾人が行なう「多桑」世代の表象の不可避的な冷ややかさ、そしてその表層だけを「歓迎」する戦後日本の依然とした無関心、この両者の本質に対して金自身が歴史の「刃」となって対峙しているといえる。と同時に、ここでの金の反発といらだちには、戦後日本の台湾に対する無関心、無責任への怒りを後にみずから道具化し、政治資源へと流用しようとする段階に進むまでの過渡的な葛藤が映しだされているともいえるだろう。

だが多桑世代の者たちのなかには、台湾の外に出て、日本の現実を戦後に切実に知ることがあってなお、激しく日本に憧れ、より鋭い刃を向ける者たちが実際にはいる。このことを忘れてはならない。そのなかの多くには、日本軍の兵員、看護婦などになって戦争に参加した数十万の人びとがいる。

ある台湾人元日本兵が台北の日本政府代表機関に公的な補償と慰問を求めつづけ、一九九七年に出した書簡は、次のように結ばれている。

台湾人元日本兵士が切望しているのは、今日世界の経済大国を誇る、又二六六〇年の悠久な歴史を保持し、且万世一系の一二五代平成天皇を戴いて、大和魂武士道の立派な精神を継承してる大日本国が正義、道徳、良心を此の良い機会に十分発揮して頂いて、私達戦友に暸解させてもらいたい。そして正しい史実を後世の子孫に残し後代の歴史の教育に大日本国が正しい人権の楽園である栄誉を獲得出来る様に、祈っています。(14)

「大和魂武士道の立派な精神を継承してる大日本国」の正義、道徳、良心など、現実のどこにもないということ、それは分かっている。あるのだったら、どうしてこんな手紙が何年も書きつづけられることがあるというのか。

「大和魂」や「日本精神」は、このような戦後補償をめぐる訴えのなかでたびたび高唱されてもきた。そこに込められているのは「ノスタルジアに転化」した国民党政府に対する憎悪ではなくして、支配のために「日本精神」を押しつけておいてその理念の実現を何ら顧みないできた、戦前戦後を通じた日本の「非人道なる行為」に対する憎悪であり、憎みつつも、みずからはその正義にのっとり、「日本は信義も道義もない国家と国際間で言はれても反言できない事になります」と訴えつづけねばならない、やりきれなさである。(15)

一九四五年八月、日本の敗戦が伝わってから台湾の各地で日本人への報復行動が頻発したとき、「日本精神を返してやる」との怒号も聞かれたという。それが時をへて「中国人には日本精神を入れる必要がある」と、ささやかれるようになったからといって、「日本精神」のことばが持つ陰影と憤怒が消えてなくなったわけではない。[16] もし「日本人には日本精神を入れる必要がある」と言われる場合、それは「日本精神を返してやる」とほとんど同じ意味の唾棄のことばとして、発せられ／聞き取られることもあるのである。

3　法治と日本植民地統治の流用

日本統治時代の台湾の歴史を研究し、まっとうに論じようとするならば、どんな立場に立つ者にでもすでに共有されるようになった一つの共通認識がある。それはその時代の台湾人を主体に歴史を捉える姿勢であり、たとえば同化政策への対応にしても、主体性を放棄した日本支配者への隷従とだけ見るべきではないとされる。一九九八年に試用本が出された初の台湾史の学校教科書『認識台湾』歴史篇は、日本時代の教育について、日本語の修得は「台湾人にとって近代的知識を吸収するための主要な道具」としての意味をもったことを結論として強調している。[17]

このような歴史認識の立場からすれば、「日本精神」についても、そこからリップンチェンシンという「新造語」をつくりだした戦後台湾人の主体性は十分注意されてしかるべきである。金美齢は上述のように、戦後に「リップンチェンシン」の読み替えが普及した原因を探って、幻視されるだけの「良き時代」は過去に実在したと推論した。しかしかりに「何らかの実体の裏付け」があったとしても、それを短絡的に「日本人の立派な行いを目の前にみた」からだとするのは、根拠に乏しく、この点の裏付けは何もないのである。

在日台湾独立運動の指導者である王育徳は、一九八五年の死去の数年前から「そろそろ日本の台湾支配についての総括がなされてしかるべきだ」と述べて、日本統治時代に関する考察を論文や講演で次々と発表した。日本の論壇では排除され不遇のうちに生涯を閉じたため、それらの論稿は一書にまとめられていないが、王の日本統治時代に関する洞察は、現時点においても、もっともバランスのとれた優れた研究のひとつとして参照する価値をもっている。この時期に彼が日本統治時代についての考察を集中的に語り始めた背景には、台湾内部での民主化運動がもはやどんな弾圧でも抑えられない自立した段階にきつつあり、これまで少しでもひろく日本社会に台湾への関心を広げようとしてきた配慮が後退し、日本人の反応を意識して抑制してきたところを、あるいは死期を感じながら、書き残しておきたいとの考えがあったかもしれない(18)。

台湾で前衛出版社から刊行が進んでいる「王育徳全集」の第2巻、黄国彦監訳『台湾海峡』2000年刊。原書は同名で日中出版から83年に刊行。全集の刊行によって王育徳の業績の再評価が進むことが期待される。注（19）参照。

王の日本統治時代評価の特徴を一言でまとめれば、戦後日本の歴史学界でよく前提的に取られてきた、道義的に植民地支配を否定し反省する姿勢を一旦受け入れたうえで、そのようなスタイルの議論が往々にして倫理的感情的な批判を行なうことで過去に閉じたある種の免罪符を作り、反省した旧支配者の視点だけで歴史がまとめられるきらいがあることを婉曲に批判し、植民地支配が台湾人社会にもたらした多様な影響と変化の意義を冷静に腑分けして、台湾人を主体とした歴史的評価を定めようとしたところにある。そのバランス感覚の強い歴史評価はまた、戦後日本の左派陣営の台湾認識をめぐる宿痾に、同じく反発してきた金美齢、黄文雄が近年行ない、小林『台湾論』など保守論壇でも導入されている日本統治美化の歴史論に対する、もっとも適切な反論として学ぶこともできる。以下、それらの日本統治美化論に対する反論を念頭におきながら、王育徳の議論を紹介しよう。[19]

まず五一年の植民地統治を概観すれば次のような評価となる。日本は台湾を「ほとんど完璧に近い資本主義的植民地」に仕立てあげた。それによって吸い上げた分が多かったので日本は得をしたが、台湾人は精神面では惨めな思いをした。教育を普及させたが、それは「台湾人を行く行く日本人として使いやすいように作り変えようということで」「それも初等教育までで いい、というかなり厳しい制限」を付けられた。

もちろん個人として台湾人と真の友人関係を作り、師弟愛を育て上げた者もたくさんある。「しかしそれは個人の問題だ。個人の問題を超越して支配・被支配の本国・植民地体制が厳として存在した事実をいかんせんやだ。」日本の植民地政策を攻撃するのは易しい。「道徳的によくないに決っています。いいという人がいたら、どうかしていますよ。」「あのときはよかったなあ」といわれたらかないません。」

そして日本統治時代が残したもっとも深刻な問題として、最後の一〇年間に「皇民化運動が台湾人に与えたダメージ」の大きかったことを強調する。一九三六年頃までは対日レジスタンスという大目標の前に台湾人は比較的よく団結を保った。しかし最後の一〇年間に台湾人は徹底的に痛めつけられた。台湾人はかつてこれほどに恐ろしい支配権力を経験したことがなかった。台湾人は自分たちの非力を肝に銘じ、生きんがためには忍従するしかなかった。この一〇年に続いて、わずかの解放期のインターバルをはさんで、台湾人はずっと強権政治のもとで忍従を余儀なくされている。

忍従は自尊心を傷つけ、人間を卑屈にしてしまう。だが、もしこのダメージをみずからの努力で補救することができるならば、日本時代は台湾人にとって必ずしもマイナスではない。教育の普及とその質的向上によって台湾人は自由と民主の尊さを知り、そのために戦った。そこで身につけた法治主義は台湾人解放の武器となった。その解放の武器を獲得した時代へと日本時代の経験を活かすことができるならば、日本の強権政治の支配も決してマイナスのままで終わらないからである(20)。

ここで「日本精神《リップンチェンシン》」の三つめの中核的イメージとして法治主義を検討しよう。それははたして金美齢がいうように、「日本人の立派な行いを目の前にみた」感化作用の結果なのだろうか。それとも（旧）支配者の手にある統治の論理を解放の武器へと置き換えてみせる営み、流用の実践だったろうか。

戦前から戦後にわたる台湾人の抵抗精神に関わるものとしての、法治主義という論理は、いわゆる六三法によって行政府が立法権をも握り、法治国家の原則を否定した台湾総督府の植民地専制統治に対して、それを覆そうとする抵抗のなかから獲得されてきた市民社会的政治原理である。[21]そして戦後においては、戒厳令下の憲法停止状態を批判する抵抗精神の拠り所として引き継がれた。台湾人の抵抗運動における法治主義とは、植民地台湾における日本人の行ないの感化作用の産物などではなく、その逆である。

金美齢の議論には、ある種の異様なものがつきまとっている。彼女自身がその確立を信念としている台湾人の主体性は、それを実現するための政治の場においてみずから道具化され、政治に奉仕する資源、カードとして自在に切り詰められ、歪められるからである。わたしが金美齢の歴史論に違和感を覚え、また批判すべきだと考える点は、ここにかかわってはいる。ただし、一枚岩の「歴史の真実」なるものを歴史研究者が断定して啓蒙する戦後左翼的な姿勢は、それが批判の的にする歪曲者たちの独善性とさほど離れておらず、一面で共犯的関係にある。演出家が目的論的に歴史を自由自在に料理しようとするとき、聞こえてくるきしみや、うめきがあるはずだ。過去の政治に対する抵抗や鎮圧が、現在の政治主義的歴史論においてカード化され切り詰められるとき、過去の声が、その歴史論の政治に対する反撃となってよみがえってくる。歴史のカード化を許さないのは、この歴史の声である。

そしてもうひとつ、金美齢の歴史論を批判せねばならない根拠がある。独立台湾の国家建設の道具として、日本統治時代の抵抗や主体性が切りつめられ、日台関係の歴史があやつられ美化されるなかで、これまで一世紀にわたり何ら本質的な批判・打撃を加えられずに生成を重ねてきた日本の台湾に対する植民地主義が、ふたたび歯止めのない暴力をふるいはじめている。第五章で述べるように、この新たな植民地主義の暴力は、金美齢も取り組んできた戦後台湾の民主化闘争の歴史に対して、それを貶めるために向けられてもいる。それをまた政治主義的なカード戦略の応酬だけで放置しつづけるならば、植民地主義の暴力は永遠にやむことがなく、これらの事態に抵抗する根拠はすべて焼きはらわれてしまうからである。

注

（1）廖建龍「よく続いてきたと感慨深い」『台湾青年』二〇〇〇年四月号。

（2）柏陽は国民党政権下で政治犯となった中国文学者で、『醜い中国人』光文社、一九八八年の訳者は在日台独派の張良沢と宗像隆幸。訳書の副題「なぜ、アメリカ人・日本人に学ばないのか」は原書には見られない日本語版の強調点である。黄文雄は早くから柏楊の著作に学び、彼との共著『新醜い中国人　「二一世紀は中国人の時代」は大嘘だ』光文社、一九九七年も公刊した。

(3) 文化人類学における流用の理論については、太田好信『民族誌的近代への介入』人文書院、二〇〇一年を参照。

(4) この引用句のみは深田祐介・金美齢『敵は中国なり』光文社、二〇〇〇年、一七一頁の金の文章より。

(5) 戦後台湾で言われる「日本精神」を法治主義と近代性のイメージとして捉える分析は、鈴木満男『華麗島見聞記』思索社、一九七七年も行なっている。

(6) この引用句は金美齢『隣の国からみた日本』国民会館、一九九九年、二八頁より。

(7) 小堀桂一郎・金美齢・小林よしのり「本格座談　日本人の気概、台湾人の心」『正論』二〇〇〇年一二月号。小林よしのり・金美齢『入国拒否』幻冬舎、二〇〇一年、九六―一〇〇頁。

(8) 林景明前掲『台湾処分と日本人』三頁。

(9) 鈴木前掲『華麗島見聞記』一一六頁。

(10) 黄文雄「台湾文化の特質についての私見（下）」『台湾青年』一九九一年七月号、三〇頁。黄のこの認識は決してかりそめのものではない。日本の一般読者むけの著書『中国人の偽善　台湾人の怨念』光文社、一九九六年、七七―七八頁でも日本人が「犬」と呼ばれたのは「非常に主人に忠実にしてずるがしこいからである。そのうえ、よく外では小便をするので、その行動は「犬」に似ているからだ。けなしているのだ」と、記している。後述するところから明らかなように、「けなしている」どころではすまないと黄は認識していたはずだが、そこは日本の読者に遠慮したのだろう。ただし台湾で出された同書の中国語訳は『豬狗牛　中国沙豬、日本狗、台湾牛』前衛出版社、一九九七年と題されており、強調点がどこにあるかがあらためて明示されている。

(11) 王育徳「蔣政権四十年の統治」『台湾青年』一九八五年八月号、一頁。

(12) 黄文雄「台湾文化の特質についての私見（中）」『台湾青年』一九九一年六月号、三二頁。

(13) 金美齢「台湾映画紹介　多桑（父さん）」『台湾青年』一九九五年八月号。これは台湾で『日本文摘』同年八月号に掲載した文章を「日本の読者向けに再構成したもの」という。

(14) 一九九七年七月七日付、財団法人日本交流協会所長宛て、C氏書簡。

(15) この段落最後の二つの引用句は、羽柴駿「台湾人「皇軍兵」の不条理な戦後」『現代の眼』一九七七年九月号が紹介した台湾人元日本兵補償請求訴訟の原告の一人、故鄧盛の手紙より。ここで述べた点は、冨山一郎との共同論文「記憶に出会うということ」『インパクション』一二〇号、二〇〇〇年七月のわたしの担当部分「呼びとめる声」で主題的に論じた。なお、そこで提示した「呼びとめる声」という論点は、本書の叙述においては、歴史の声との対話をめぐる考察というかたちで部分的に受け継いでいる。この歴史の声とのおぼろげな対面関係において、本書の叙述は裏側から支えられているのだが、このことについては本書「結語」で最後に説明することにする。

(16) 以上二つの引用句は林景明前掲『台湾処分と日本人』二四頁より。なお日本の植民地支配の終焉から、翌一九四六年の在台日本人の引揚にかけて、台湾では日本人への目立った報復事件が起こらず、日本人との別離を惜しむのが一般的であったと言われることが多いが、これは事実に反する。実際には、敗戦当初、台湾は治安が良好だろうと予測して在台日本人引揚も外地のなかで最後の四、五年先が予定されていたが、四五年九月頃から日本人への襲撃など報復事件が頻発し、急遽在台日本人の引揚がくり上げられるという経緯があった。敗戦前後の台湾における日本植民地主義からの解放と清算の取り組み、およびこれに対する旧支配者の側の植民地主義、植民地幻想の回復の営みについては、別稿において実証的に論じることにする。

(17) 国立編訳館編刊『認識台湾』(歴史篇) 国民中学試用本、一九九七年、七二頁。この点については、黄文雄「日本による統治時代がなかったら、台湾は中国の最貧の「海南島」より貧しい島となった(上)」『台湾青年』一九九九年七月号も「実に正鵠を得ている」と賛同している。

(18) 王育徳は主著『台湾　苦悶するその歴史』弘文堂、一九六四年初版(七〇年増補改訂版、死後の九〇年に宗像隆幸が二〇年分を補筆して共著『新しい台湾』として同社から発行)で台湾四〇〇年史をまとめたが、そこでの日本統治時代に対する評価が批判を相当に抑制して表現されていたことが、八〇年代になって発表した論稿と突き合わせることで読み取れる。

(19) 以下は王育徳の「敵は大中国主義(一二)」「蒋政権四十年の統治」「台湾と日本のあいだ」、順に『台湾青年』一九八三年七月号、八五年八月号、八八年九月号、および王前掲『台湾』を参照・引用。なお現在台湾では『王育徳全集』の刊行が前衛出版社から始まっている。いまのところ過去に翻訳が出たものをふくむ生前の著書が、二〇〇〇年四月に五巻まで揃って刊行されただけであるが、全一五巻の刊行計画である。そのうち第一四巻に「史論巻」が予定されている。ここでわたしが参照する晩年の論稿はこの巻に収められることが予想される。

(20) とくにこの段落で示した王の歴史解釈は、王育徳「同情と理解の隔たり」『台湾青年』一九六三年三月号で約四〇年前から提起されていた。すなわち「台湾人の五一年にわたる対日レジスタンスが植民地における闘争としては、世界に誇るに足る典型的なものであったことを率直に認めてほしい」と断ったうえで、近代文明とともに台湾に訪れた日本の支配文化の受容と流用の葛藤を次のように分析する。「台湾人は、日本語を含めて日本の近代化を拒否できたか。また拒否することが果たして賢明であったか。こうなれば、むしろ一日でも早く日本語をマスターして、それを武器として、日本人に斬り返すことが、もっとも効果的なレジスタンスだと、より若い世代の台湾人は考えたに違いない。」これはみずからの姿を描いた叙述でもあったように読める。

(21) この点については『超台湾論』所収の駒込武「自己肯定の「物語」を超えて」三三二頁参照。

第四章　「日本精神《リップンチェンシン》」と「良き時代」の道具化

1　「日本精神《リップンチェンシン》」論の日本精神論への変容

金美齢は「日本精神《リップンチェンシン》」論を展開するにあたって、その「馬鹿正直」の代名詞としての側面と、「日本に突きつけられた刃」としての意味には最初から触れなかった。それでも最初の新潮論文では「ほとんど全部がプラス・イメージ」だと、やや慎重な表現を取っていた。だがその後、リップンチェンシンの紹介に際して取られていた留保と緊張感は取り去られていった。それは当初多義的に提起されていた意味産出実践が政治的解釈の舞台に降り立ち、漸進的に固定化して平板なイデオロギーに純化していく過程として捉えられる。

新潮論文から現在までの五年間に、金美齢は日本の保守論壇の読者、聴衆に求められ、喝采を受けながら、何度となく「日本精神《リップンチェンシン》」講釈を繰り返してきた。最初の新潮論文は、前述のように複雑な構造をなしたものだったが、台湾総督府ＯＢたちなどの間では、とまどいながらも「すくわれたような嬉しさ」「胸のとどろく思い」で、金ら台湾人が「日本《リップン》精神《チェンシン》」を懐かしんでくれたことを喜び、植民地統治時代を「蜜月時代？」と表現してみようとする反響があった。そして「日本人自身がすっかり忘れてしまったことをよくぞ思い出させてくれた」といった反響もひろく寄せられたという。(1) 用意された誤読はもはや誤読ではなくなり、著者と読者が相乗的に呼応し合って、「日本精神《リップンチェンシン》」を「日本と台湾を結ぶ絆、鍵」、共通のアイデンティティに読み替え、日本の旧きよき美徳、伝統、日本人がいま求めるべき原点として実体化させていった。(2)

この読み替えの過程で必然的にともなった新たな事態がある。それは第一に、「日本精神」にカッコやルビで「リップンチェンシン」と付記することがなくなっていったことである。これは二〇〇〇年一二月発表の座談会記録「日本人の気概、台湾人の心」で見られ、翌二〇〇一年一月発行の金美齢・周英明『日本よ、台湾よ』の自著でも（一カ所を除き）踏襲された。技術的な問題ではない、意図的な改変であろう。たとえ金美齢だけは台湾語の発音を意識していたとしても、聞く者たちの大部分はそうでない。なぜならリップンチエンシンは「台湾の地で凍結されそのまま残っている」（小林よしのり）戦前の日本精神に他ならないとすれば、落とし物の保管者に一旦感謝はしても、いちいちルビを付すのは煩雑すぎ、また金美齢がいうように「本来、日本人が持っていた」ものならば、一種の〝残留孤児〟時代の変名は本名に直されるべきだからである。

映画『新台湾と日本』（日本会議製作、二〇〇〇年）の上映会をかねた日本青年協議会の講演会「台湾に生きる日本精神」の次のビラの一文は、多義的でひだの深い「リップンチエンシン」を日本精神に読み替え、強奪した者の傲慢さを、一文字の隙間もなく表現している。

『新台湾と日本』ビデオ（日本会議企画、明成社制作）パッケージ。この作品では李登輝、陳水扁、許文龍、蔡焜燦のインタビューを収め、李は「戦争中は喜んで国のために命を捧げる、というのが今ではまったく逆になって〔中略〕これでは国を興す力は出てこない」などと現在進行形の戦中派としての国家観を率直に語る。インタビュー抄録はhttp://www.nipponkaigi.orgで読める。

台湾に生きている日本精神について学びたく存じます。規律・責任・誇りある生き方というものは民族、時代を問わず価値あるものとして我が国の素晴らしい先人が他民族にも教育し、それを台湾では五〇年の国民党による反日教育による試練を経ても守り伝え、日本による教育を今でも評価している姿勢には私たちにも見習うべきものがあると思います。(3)

そして金美齢は二〇〇一年七月刊の小林よしのりとの対談本『入国拒否』では、ルビなしカッコなしの日本精神を随所で語り、いまや正真正銘の日本精神賛美・復興論者としての姿を読者の前にあらわすにいたっている。五年前に「死語と化」す運命を宣告されながら日本の論壇に登場した「リップンチェンシン」は、金と台独聯盟日本本部のプロパガンダに導かれて、いま日本精神ということばと重なり合う同義語となって、流用の再生をはたしているといえるだろう。いりくんだことがらだが、事態は明瞭である。すなわちリップンチェンシンはそれ自体が戦前の「日本精神」を流用した戦後台湾社会における「新造語」であった、だが台湾社会におけるその「新造語」としての生命力を失ったいま、この流用のことばそれ自体が、今度は日台蜜月幻想の構築のなかに「日本と台湾を結ぶ絆」として流用され、ときに起源を示す際に「リップンチェンシン」とも発音されることのある新造語、「日本精神《にっぽんせいしん》」として生まれ変わったということである。いまこの新たな流用を行なう主体は何者なのか。それは日本だとも台湾だとも、帰属を囲い込むことのできないもの、本書の叙述が結論として示す、連鎖するコロニアリズム、日本と台湾のあいだの植民地主義の連鎖である。

この〈日本精神→リップンチェンシン→日本精神〉という植民地主義の流用から連鎖にいたる事態に対し、そこにはらまれた可能性と問題性の両面をともに描きだすこと、それが本書の核心的な論点であり課題である。植民地連鎖とはどんな事態か、それは以下の叙述で明らかになっていくだろう。

第二に、「日本精神《リップンチェンシン》」が、金美齢をふくめた日本統治時代を知る世代が「体で覚えている古き良き時代の日本人の美徳」として植民地統治期に実体化され遡及されていった必然の帰結として、台湾人は日本の植民地統治を謳歌していたという歴史認識を、金は強調せざるをえなくなった。「上の世代の台湾人が日本人であることを嫌がっていた記憶はない。日本精神に共鳴し、それを受け継いで生きようとしていた。そういう意味では台湾の「日本時代」は良き時代（ベル・エポック）だったんです。」植民地統治の「五〇年という長い年月を掛けて」「日本人が統治していた時代は良かった」とする認識を培ってきた、と。

金はこれが歴史の歪曲であると、感じながら発言している。慎重に彼女の発言と文章を読めば、一見、日本統治時代を全面肯定すると取れる表現が、つねに微妙に留保を付けられていることに気づく。たとえば『敵は中国なり』一六三頁の「台湾は初めから素直に、日本の優位を認めていました」との文章は、素直に読めば日本統治の初めからという意味である。だが前段には、韓国は最近でこそ反日言論を抑えているが、とのフレーズがあり、実は「初めから」というのは戦後日本統治から離れてからの意味であるかもしれないのである。

これは一面で逃げ道の確保であると同時に、作者の主張を無理に押しつけるのでなく、読者に解釈をゆだねる隙間を、意図的に文中に空けておくことで、より主体的積極的に読者を作者の企図のなかに巻き込む効果を発揮する、高度な修辞学の実践でもある。それは新潮論文以来の金美齢の「日本精神《リップンチェンシン》」論をつらぬく中核的な方法論戦略である。しかしみずからの文章が生む効果には誰であれ責任をとらねばならない。どのように聞こえさせているか、そしてそこから何を生み出してきたのかを、文筆家であり政治家でもある彼女に問わねばならない。この表現者としての責任性については、小林『台湾論』批判に対して、「小林氏が『台湾論』を書くに至ったのには私も関係している」と弁護を買って出たのだから、金は承知しているのだろう。

2　政治戦略カードの増殖

前段で金美齢における歴史の歪曲の自覚を推論したのは、彼女は実は日本の植民地支配をそれ自体では「良き時代」とする歴史認識を、いまも持っていないようだからである。それは日本統治美化の発言に、うまずいとわず巧妙な留保を付け続け、逃げ道を用意する行為そのものが証ししているとだけ、ここでは指摘しておこう。

金美齢もまた、黄文雄と同じように、現在の政治宣伝戦略を取る以前においては、いまとまったく異なる日本統治時代の評価を公言していた。歴史の評価や認識は、立場によって異なるものであり、個人においてもそれは変化していくものである。先にも第二章で宗像隆幸の主張の変化をめぐって述べたことだが、評価や発言内容が変わったことをもってそれをとがめだてるのは、自己の立場と価値判断にそわない者を許さない偏狭な独善性でしかないだろう。この点を踏まえたうえで、それでもなお、現在の政治宣伝戦略にまつわる歴史の深みに分け入るために、金の日本統治時代に対するかつての評価を顧みて検討しておきたい。(4)

一九三四年生まれの金にとって日本統治時代は小学生時代に重なるだけで、直接的な体験にもとづく思いはあまり大きくないようである。しかしみずからが負う歴史として、一八九五年以来の日本の植民地支配の歴史を決して忘れてはいない。むしろ戦後日本の台湾に対する無理解と無関心をめぐる軋轢に直面するたびに、たえずその「台湾人に対する虐殺、弾圧、搾取」を原点として思い起こし書きとめている。そして「台湾の近代史における台湾人の悲惨さの責任の一半は日本にある」とする。もう半分はその圧制を覆すことができなかった台湾人の主体的責任性において引き受けているのだろう。ここに独立へ向かう台湾人の決意が確保される。ところが、もう一方の当事者で加害責任を有するはずの戦後日本は、「台湾人への戦後補償を一切踏み倒したまま」「台湾人を蔣の手に売渡す」強制送還をくり返している。のみならず、台湾人が目前の蔣政権の抑圧に対する抵抗に追われて「過去の日本統治時代の古い帳簿をひっくり返してみる気持ちのゆとりさえ」ないのをいいことに、「「台湾人は日本をなつかしがっている」などといった手前勝手な観察をする日本人の旅行者もいたようであるが、思い上がりもいいところ」だと、激しく非難する。

だがいま金美齢は「手前勝手」な台湾礼賛の極致にあるような小林よしのり『台湾論』のおかげで、その驥尾に付した日本人観光客が続々と現れている現象をもって、小林の台湾社会に対する大貢献だとしている。では、あらためて問うてみるべきであろう。なぜ金は、戦後台湾人が想像＝創造したリップンチェンシンが、金にとっても「ゾッとする」日本精神に読み替えられ、占領されていく事態を、いまあえてみずから作りだしているのか。そして植民地支配の責任を「頬かむり」した戦後日本人が、「甚だ手前ミソ」な「思い上がり」で植民地支配を美化し、台湾人を侮辱しつづける事態を、なぜ徹底して助長しつづけるのか。それはリップンチェンシンが、日本の保守論壇における最近の日本精神再評価論の関心から、彼／彼女らを台湾問題への関与に深く引きずり込むことのできる資源価値を有しているからであろう。日本統治時代の美化論も同じく政治資源の開発のためになされていることだと評せる。

四〇年来の金美齢の発言の軌跡を追っていくと、孤立無援の状態で残虐な支配に苦しめられてきた台湾社会のために命を賭して闘う前衛を請け負い、一歩もゆるがない姿勢をとりながら、政治運動だけに埋没しないバランスのとれた自由な批判精神を心がけてきたことに、つよく印象づけられる。金はまだ大学院生だった頃、「革命や政治運動などもともと私の柄ではない。政治というものには、不可避的に、愚劣さ野暮ったさがつきまとう。私にとって感覚的に耐え難い幾多の要素がその中にある」と述べていた。(5) しかし彼女がこの五年間に展開してきたことは、徹底した政治主義的イデオロギー操作活動である。それは日本の保守主義者に加担した恐ろしい権力的な台湾史の歴史操作である。なぜ金が歴史の道具化、カード化に邁進するようになったか、そこにはある種の、政治への復讐という論理が埋め込まれているのではないかと思う。

金美齢は四つの言語を自由に使える宣伝広報担当者として、在日台独運動の日本社会との接点に立ったがゆえに、不当な扱いを正面から受けとめねばならない位置に長く身を置いてきた。そのため日本政府とマスコミの「エゲツなさ」には、独立運動に参加した一九六〇年以来「ずっと怒り心頭に発してきた」という。[6] とくに七四年に浜田幸一とのテレビ対談「青嵐会を糾弾する在日台湾人の証言」が放映前日になって政治圧力により中止にされた事件は、「巨大なマスコミの世論操作」に「クチビルを噛んだ」苦い記憶として大きな意味をもったようである。[7] こうした不当な扱いと黙殺と屈辱をはねかえす機会が、九〇年代半ば頃からのテレビ出演でもたらされた。『台湾青年』と街頭を舞台にした必死の真剣な台湾民主化の取り組みは、六〇年代後半以降ほとんど社会的に無視されてきた。だが前と同じことを言っても、テレビに出るようになってからはたくさんの人が聞いてくれるようになり、あわせて新聞雑誌で発言する機会も圧倒的に増えた。台独聯盟日本本部の活動が宣伝活動に特化していく転機と重なっていたせいもあろうが、「テレビの力はほんとに恐いもので」、そうなると台独聯盟での位置役割も大きくなり、一九九四年になって初めて聯盟の二二八記念講演会で講師に指名された(8)。

その後、一九九六年の初の総統直接選挙において、金は大きな政治的分かれ目の試練に立った。民進党公認の台独派候補の彭明敏でなく李登輝を支持し応援したことから、旧来の同志たちから厳しい批判と攻撃を受けた。「裏切り者」との汚名は、李登輝が巧みにヴェールをかけた台湾独立への誘導を徐々に明示していくことによって晴らされたといえる(9)。だがこの時の経験は、金に自分がもっている政治の力量を確信させ、また独立運動の政治の「愚劣さ野暮ったさ」を拒絶して、より洗練された巧妙な手練こそが政治を推し進める力となるといった確信をもたらしたようである。

そしてテレビに続く、日本の若者むけの強力なメディアとして金の前に現れたのが「小林よしのり」であった(10)。一九九八年に討論番組『朝まで生テレビ』に小林と共に出て、それが小林の作品に描かれた。すると若者に呼びとめられ、生まれて初めてサインを求められた。「マンガの影響力って凄いものですね。何でもいい、私は台湾と日本がうんと交流する機会をもって、お互いに関心をもち、お互いに認識する。」そして台日が運命共同体であり、中国の「覇権主義者に対しては、断固連帯して戦わなくてはならない」ことを広める。なぜなら「今は外交の時代なんです。外交の時代というのは、駆け引きなんです。交渉なんです。そのためにはカードを持っていなくてはならないのです。」「カードを使って、上手にゲームをやっていく。」日本にアジアのリーダーになってもらい中国の覇権主義を阻止する、台湾はそのサポートをする。

中国に対してアジアで唯一対抗できるカード、潜在力を豊富に有している日本を台湾の独立のために活用し、それを台湾の対中外交カードに役立てようとする戦略である。その戦略的野心をつかみとった高ぶりは、次のように吐露される。

日本は立派な国です。沢山のカードを持った良い国です。それを上手に使ってゲームをやってください。プレーヤーが良ければ必ず勝ちます。ヘボなプレーヤーは降ろしましょう。何なら私が代わってあげてもいいくらいに思っています。

金美齢が信条とするしなやかさと強さが、よく表れたカード戦略論である。親日派台湾人も、リップンチェンシンも、日本統治時代の台湾史も、すべてがカードに注ぎ込まれる。

そこには彼女にとって「感覚的に耐え難い」政治というものの「愚劣さ野暮ったさ」がはがれ落ちた軽快さが踊っている。戦後日本のエゲツない政治主義への痛快な反撃。

すべてはカードとなりうる。一九九六年の総統選前に日本の台湾政策に影響を与えようと発表した文章で金は、「いつまでも恨み節を繰り返す趣味はこれっぽっちもない」「以下のような繰り言は二度と言わせないでほしい」と前置きしながら、「日本が最初に植民地にし、もっとも長く統治したのはどこか」、大戦で「約三万の戦死者と二三万の負傷者を出したのは、どこの人たちか」など記し、そのうえで「私の本意は「台湾人は何か日本人に悪いことをしましたか」と尋ねてみたいだけである」と続ける。「ついでに、「台湾の独立がそんなに憎いのですか」とも訊いて」いる。(11)

だが二〇〇〇年六月に退任後の李登輝訪日の可能性が否定的となった時には、三年前の京大一〇〇周年記念式典への出席希望の際に李は中退だからという「いじましい口実まで作って」大学から拒まれたことを持ちだし、「彼が京大で学業が続けられなかったのは一体だれのせいなのか！」と怒りをあらわにしてみせた。やはり「このような文章は書きたくない」と断りながらである。なぜ本意でないという「繰り言」を続けるのか。「台湾の持っている最大最強のカードが李登輝」であり、「台湾人にとってこのカードに活躍して日本統治時代の美化しえない傷痕については、言わせないでほしいといいながら要求を効果的に突きつける巧みなカードさばきで、これもまた台日関係強化のための政治戦略の資源に変じさせている。

ここで問題なのは、みずから日本の植民地統治を美化して「良き時代」の誤解をふりまいたうえで、そこに盛り込めない外部を「恨み節を繰り返す趣味」の世界に追い込んで管理統制しつつ、なおかつそれをカード化して切って使うことである。この論理手法は、これまで在日台独派の歴史研究者たちが「節度を守り、淡々とした筆致で」[13]行なってきた日本帝国主義批判とも、異質である。歴史の声は焼き払われた野原で沈黙する。

このカードさばきの軽快さは現実の政治と抗争の「愚劣さ野暮ったさ」を打ち破ったものでなく、それを回避したための軽さである。資源とされた日本統治時代の「蜜月時代」が、従軍「慰安婦」とされた人びとの声に直面したとき、金美齢は「台湾人の名誉にかかわる」と、その声に立ち向かった。小林『台湾論』への批判に対する反撃のため台北で二〇〇一年三月に行なった記者会見で、金はこう述べた。「もし戦前の台湾社会で、本当に日本の軍隊が台湾の一般の婦女子を慰安婦にする目的で強制連行したとして、台湾人が何もそれに抵抗しなかったとすれば、ましてや戦後何も言わなかったとしたら、それは台湾人の恥だと私は思います。」そして、「可哀相な台湾のおばあちゃんたちの古傷に、塩をすり込むようなこと」はするなといった「中国人」（＝外省人）の悪宣伝に惑わされるなと語り、日本の「親台派」たちを安心させようとする。[14]

このような場合にはどうすればいいか、金美齢は予告どおりに日本のゲームのプレーヤーに「代わってあげて」手持ちのカードを上手に使い、管理してみせた。そして台北での記者会見では次のような居直りの勧めも口をついて出たという。「〃自発的〃慰安婦が一部だとしても、それを報道する権利はジャーナリストにある」のだと。[15]

いまや「台湾人の名誉」は、みずからの声以外に暴力への告発の拠り所をもたない「無告の民」の存在をふたたび闇に押し込め、嘲笑と罵倒と恫喝を浴びせかけるために語られるにいたった。「常に虐げられる人人の側に立」つという台湾独立運動の理念[16]もまた、この「台湾人の名誉」の前で焼き払われたかのようである。しかしあの声に小林『台湾論』批判が開かれたのと同時期に、予期された「中国人」の方面からではない不意打ちが金美齢らを襲った。「新しい歴史教科書をつくる会」会長、西尾幹二の在日台独派および台湾人に対する敵意に満ちた攻撃である。

注

（1）喜久四郎「拝啓金美齢様」『台湾青年』一九九六年一一月号。前掲「本格座談　日本人の気概、台湾人の心」での金の発言。この座談会によると、新潮論文のこうした反響を知って、『台湾人と日本精神《リップンチェンシン》』日本教文社、二〇〇〇年の著者、蔡焜燦はそれならばということで「日本人に会うたびに「日本精神」について語るようになった」という。

（2）以下の金美齢「日本精神《リップンチェンシン》」論の変容過程は、次の文献を参照・引用。前掲『隣の国からみた日本』。前掲『敵は中国なり』。金美齢『日本人に生まれて幸せですか』海竜社、二〇〇〇年。前掲「本格座談　日本人の気概、台湾人の心」。金美齢・周英明『日本よ、台湾よ』扶桑社、二〇〇一年。金美齢・林英彦「異色対談　次代に伝えたい、美しい日本の心　日本を捨てた男と、日本を好いた女の直言」『正論』二〇〇一年二月号。小林・金前掲『入国拒否』。

（3）この講演会・上映会は「日本青年協議会　仙台祖国と青年の会」主催で、二〇〇〇年一二月二日、宮城県婦人会館で開催。この時期同様の催しが日本の主要都市で行なわれた。これについては早尾貴紀「自由主義史観派の今と小林よしのり氏」『超台湾論』二三九頁に教えられ、また早尾氏から資料と情報の提供を受けた。

（4）以下は次の文献を参照・引用。金美齢「恥ずべき取引」『朝日ジャーナル』一九六八年四月一四日号「読者から」欄。金前掲「「台湾」をめぐる最近の論調」。「在日台湾人法的地位討論会紙上録音記録」『台湾青年』七二年一二月号。

（5）金美齢「台湾人留学生の「人間の条件」」『婦人公論』一九六八年七月号。

（6）金美齢「ヨーロッパの旅」五『台湾青年』一九七五年九月号。同「日本が台湾を認めることが、アジアの自由と平和を守ることになる」『日本の論点96』文藝春秋、一九九五年。

（7）金美齢「日本は中国の属国か？」『台湾青年』一九七四年七月号。

（8）陌上桑「東京に金美齢を訪ねる」『台湾青年』一九九八年三月号（『民衆日報』同年二月三日より訳載）。金前掲「国と国籍と個人と」。

（9）前掲『日本よ、台湾よ』一五四頁。

（10）以下は前掲『隣の国からみた日本』。

（11）金前掲「日本が台湾を認めることが、アジアの自由と平和を守ることになる」。

（12）金美齢「親日家はお嫌い？」『産経新聞』二〇〇〇年六月一〇日。金美齢・岡崎久彦・黄昭堂「緊急鼎談　ここまで来たか！　日本政府の〝恐中病〟」『正論』二〇〇一年一月号。なお伊藤潔『李登輝伝』文藝春秋、一九九六年、四六頁によると、李登輝は敗戦をうけて京大に戻るか台湾に帰るか、「東京と京都を往復し、先生や台湾人の先輩や同輩と相談を重ねたすえに」、新台湾の建設に直接参加するために台湾大学に移ることに決めたのであって、中退は学徒出陣や京大の制度変化の結果ではない。学徒出陣による中退という主張は黄文雄もくり返している。これも彼女らのチームプレイでの意図的な歴史歪曲の一例であろう。

（13）黄有仁前掲「日本と台湾」（二）。

(14) 上島前掲「親日か、反日か、揺れる台湾を緊急リポート」。金前掲「金美齢痛快血風録」。
(15) 廖建龍「小林よしのり著『台湾論』騒動から「金美齢現象」が出現」『台湾青年』二〇〇一年四月号、七頁。
(16) 許世楷前掲「台湾独立運動の理念と方法」。

第五章　台湾をめぐる日本植民地主義の現在

1　台湾政権交代の日台関係論への波及

西尾幹二は台湾について確かな知識をほとんどもたない。「旅行のガイドブックも読んでいないよう[1]」な状態で二〇〇〇年三月に一週間、台湾出身の台独派の歴史家、伊藤潔の案内で台湾を訪れ、『正論』七月号に「わたしの台湾紀行」上を発表した。そしてひと月おいて九月号に下編を発表、そこで突如、在日台独派批判を開始した。

金美齢ら在日台湾独立派には個人である自分への自己絶対視があり、どこにも帰属しない自由の代わりに安心立命を奪われた自覚されない心理分裂があるという。突如として持論の自由主義批判を持ちだしてきたのはなぜか。同席した講演会で金が「尖閣の帰属をめぐってはどこまでも争う」という態度に出たことが踏み切らせたように、表面的には書かれてある。すなわち、彼女らの辛口の日本批判の背後に「根底において日本にも容赦ない」

自由主義的批判精神を嗅ぎ取ったことから、結局のところ「中共政府と歩調を合わせ」韓国のように反日になることもあるかもしれない、との警戒心をはたらかせる。そしてめどをつけた在日台独派の自由主義精神に対する批判の具体例を探し求め、東欧の密告体制の悲惨についての過去の知見に寄りかかりながら、次の命題を作りだした。「在日台湾独立派の知識人の、自分だけは悪に手を染めていないというあの自己絶対視の自由の立場で、はたして台湾の戦後四〇年の闇の必然性に解明のメスを入れることができるだろうか。」そして彼らは内省的自己批判を行なっておらず、はてしない無根底の自由に沈むだけで「独立などとうてい覚束ないであろう」と決めつけた。

西尾が錯誤に満ちた台独派批判をものした動機は明かされていない。だがそのヒントは批判とセットになった次の要請に見つけられる。「台湾人は、監獄時代の四〇年に自分もまた責任があったという自覚を示す声を高めない」といけない。「台湾独立派は、国民党が自分の敵ではなく、自分が国民党とは必ずしも対立して来なかった無明の長い時間が自分の敵なのだと悟らない」といけない。いま台湾で必要なのは「国民党の腐敗権力を憎悪することでは必ずしもない」。白色テロと密告体制のなかで権力に協力し、犠牲者とその家族を見捨てる保身の態度に出なかったかどうか「各自これを内心に問いかけ、社会的にも広くリサーチ」しなければならない。

協力者なしの独裁体制などありえない。その協力者に対する批判と責任追及は本書でもすでに見たように独立派が主張し、実践してきたことである。西尾がここでいわんとしていることは、台湾人は白色テロの残酷が「必然であったと認識し」、その「闇の必然性」を受け入れ、国民党を憎悪するのでなく、その支配に甘んじてテロを許し協力した責任を自覚しながら、新たな「人間不信の衝撃や亀裂」をもたらすはずの台湾人共犯者の暴き出しに進め、ということである。

戦後台湾の弾圧の実態や民主化運動の経緯など知りもしないように見える西尾が、なぜ、このような提言を急ごしらえで、しかも「新しい教科書をつくる会」の有力な支援者たちをあえて敵に回してまで行なわなければならなかったのか。謎を解くカギは、西尾「台湾紀行」の上編と同じ誌面に載った、林建良の論稿(2)にあると考える。

林は若くして在日台湾同郷会会長となった、陳水扁と同じ新世代のリーダーの一人である(林は一九五八年生まれ、陳は五〇年生まれ)。彼は新政権の発足によって、「日台間の新しい政治的関係を構築する絶好の機会」がきたという。なぜなら「国民党と利権で結ばれてきた日本の「親台派政治家」」は「人権、民主、自由を守る理念のなさにより、台湾の民主化の戦士達と距離を置くことになり、結果として、今日の民進党とのパイプを持たないことになった」からである。このパイプのない状態を幸いとして、アメリカの親台派政治家が在米台湾独立運動家と協力して国民党政府による弾圧支配を厳しく批判し、民主化を強く支えたことを模範として、日台関係を再構築しようと、林は呼びかけた。

掲載にいたる事情は知らないが、このような提言が『正論』誌に載るのは驚異である。林が顧みて「愕然と」している日本の「親台派」政治家たちの所業にもっとも近いメディアが産経グループのものであることは、隠しようがないことである。『サンケイ新聞』は、日台断交後も唯一台湾に支局を維持したため、蔣政権の残虐な支配に抗して民主化にすむ七〇年代以降の台湾内部の動向をひろく日本社会に伝えうる立場にあった。だが産経グループが台湾に残ってやったことは、断交後も蔣政権に肩入れする唯一の日本「親台派」メディアとして、その褒賞の意味で、中華民国公式文書、蔣介石日記など膨大な極秘資料を特権的に閲覧し、長期連載の末にサンケイ新聞社『蔣介石秘録』全一五巻（サンケイ出版、一九七五―七七年）にまとめ、英文版も作って世界に発信するといった類のことにすぎない。

サンケイ新聞社社長の鹿内信隆は一九八一年の中華民国建国（辛亥革命）七〇周年の際

に総統蒋経国に単独会見し、蒋介石から日本が受けた「恩義を絶対に忘れてはいけない」とくり返し、みずからの決意をこう報告している。

その蒋介石秘録の単行本は全十五冊になったのですが、これを日本の若い人々、将来の人たちのために、中華民国のご恩を忘れないように残しておきたいと考え、秘録を中心にして、箱根に中正堂をつくりました。いま閣下がいわれたように、日本の若い人にそのことを残したいと思ってやったことなんです。

中正とは蒋介石の号である。

きょう辛亥革命70周年

三民主義が統一の基礎

蒋経国総統、鹿内本社社長と会見

歴史と現状を語る

ソ連には「力」で対抗

「仁」で結ばれた日中両民族

『サンケイ新聞』1981年10月10日朝刊。写真のキャプションに「孫文の肖像がかかげられた総統府応接室で、鹿内信隆社長（右）と会見する蒋経国総統（左）。蒋総統の会見のもようがテレビ放映されるのは初めて」とある。

この会見記「仁と政治」は、他ならぬ『正論』一九八一年一二月号に載っている。この中華民国の建国七〇周年記念日に『サンケイ新聞』は社説を除のほかに八頁の紙面を使って「中華民国特集」を大々的に報じ、系列のフジテレビでは正午から一時間半の特番を組んで双十節パレードを台北から衛星中継し、鹿内の蒋経国単独会見のもようを放送した。西尾や小林が国民党独裁と蒋介石ファシズム批判を本気でやろうというのなら、みずからが依拠している扶桑社をふくむ産経グループのメディアで、この中正堂の撤去運動でも呼びかけるのが効果的だろう。(3)

この文脈でいえば、林建良の提言は、新しい日台関係は、産経グループ、そしてそこに依拠する「新しい教科書をつくる会」などが、これまでのパイプを民進党や独立派にも膨らませることで補強し継続させるのでなく、「人権、民主、自由を守る理念」のない旧来の関係を捨て去ることで再構築すべきだということを意味している。これは台湾の初の政権交代でもたらされた、ひとつの事件性をもった文章であるといえた。

西尾はこの提言に衝撃と脅威を感じ、ひと月あけて、上編とはまったく異なる内容に紀行の下編を書き改めたのだと推論できる。上編で西尾は、在日台独派と台湾の親日台独派が司馬遼太郎、小林よしのりなどにも行なっている接待コースに乗って、「どこまでも好意的」「天真爛漫」な交遊の愉しみに浸りきり、自分もふくめて日本ではとうに忘れられた「思い出の中にのみある歌」を、許文龍の邸に招かれ「夢中で歌って」いた。そして「蒋介石がヒトラーにまさるとも劣らぬ政治テロリズムの犯罪人であり、」残虐きわまりない蒋政権の支配を引き継ぐ現在の国民党や宋楚瑜陣営が、不正手段をほしいままに脅迫まがいの選挙戦を行なうことを批判し、その低劣ぶりを嘲笑した。陳水扁への台湾人の期待はこの「中国型全体主義」をここできっぱり改めさせようとするものであり、当選を決定づけた親日家許文龍は「救国の政治的立役者」だと絶賛した。誰がこの親日派・台独派賛美の交遊記の下編が、打って変わって猜疑心と傲慢な敵意にみちた彼らへの攻撃文になると予期しえただろうか。

2　日台蜜月幻想崩壊の予防線

案の定、『正論』二〇〇一年三月号に載った西尾幹二「続わたしの台湾紀行　台湾を「親日」と決め込む危うさ」では、林建良を名指ししてやり玉に挙げた。続編は正編で提起した点を掘り下げようとしたため、よりいっそう無知と支離滅裂さをさらけだすことになったが、また同時に西尾の敵意のあり方も明白になった。確実な批判を行なうために、煩雑だが引用して議論を進めよう。

まず正編に続けて「日本やヨーロッパであるなら必ず起こるであろう思想上の厳格な自己批判が、台湾ではまるで起こっていないよう」だという。少しでもまともに戦後台湾の政治や文学を学ぶならば「発見」できる「思想上の厳格な自己批判」の営み[4]を無視して、日本やヨーロッパより低レベルの思想的営為しか持たないと決めつけ、旧態依然たるアジア蔑視観を表明する。そしてその無知と偏見を確信的にひけらかすことによって、みずからが「思想上の厳格な自己批判」などとまったく無縁の存在であることを、出だしからすでに告白している。だが今回はこれにとどまらない。

蒋政権下のテロの苛烈な現実は「戦後何十回となく訪台した日本の台湾研究家もまったく知らなかったらしいし、今の台湾人でも知らない人が大半である。親が子に黙して伝えなかったからだ」とする。そして「台湾の歴史の総体」が隠されたまま、「独立派の在日台湾人が李登輝ひとりを白馬の騎士のように描いて、都合の悪いことは日本人には語らないというのはおかしい」と問責する。そして問題は制圧した側にだけあったのではなく、「二・二八の悲劇を経た後になお権力にすり寄った、制圧されたがる心の甘さ」が「自己批判的に語られる義務があると私は信じている」という。そうしない限り「なぜ赤子の手がねじられるように制圧されたかの謎は解明できず、台湾の本省人にとって未来が本当に新しく拓かれるという日は来ない」のだと。

西尾はいう。自分が突きつけた「倫理的要求」は過大であり、台湾人に「ないものねだりの無理な願望」を言っているのかもしれない。だが紀行正編を読んだ「心ある」台湾人は、アメリカからも反響を寄せてきたと紹介する。「常に自国人の弱点を批判し、台湾人は自虐的に反省すべきだと呼びかけていますが、私共極少の庶民の微々たる力だけでは足りないのか、我々の文章が説得力に欠けているのか」反響が起きない、「西尾幹二様の御指南とお励みの御言葉に感謝している」と。日欧の思想的倫理的規範なるものを掲げるだけで、台湾の現代史との格闘をおとしめ、教導者としての位置を確保しようとする。これこそ「文明」や「知識」の名を借りて植民地を支配しようとしてきた近代植民地主義知識人の傲岸な姿である。

ところがである。林建良は「在日台湾人は自分たちが憎まれたり、嫌われたりするような内容の話題を日本人に伝えることは、集団で自らに禁じてきたということ」を自分にふと、もらした（林はすぐにこの西尾の理解を否定）[5]。「在日台湾人のある種の情報操作」にひっかかり、日本人は「どうも「親日」にはころりとやられてしまうところ」がある。そして「日本にとって最も身近なこの他者が、最も思うに任せない難しい壁を感じさせる国になる日も、この国が独立し、発展すればするほど、急速に近づいてくるのではないかと思えてならない」と結ぶ。

形容できる範囲を越えた最悪の詐欺的思想の陳列である。この西尾の台湾論には、小林よしのり、西部邁からでさえ、無根拠、無作法、支離滅裂。妄想の産物、道義に反する、訳のわからぬ心情の激発にかられた言葉の暴走、そして「粉砕する」とまで罵られている。(6) しかし彼らもふくめてこれまでの西尾に対する批判は、みな本質を衝いていない。

ここで展開されているもっとも核心的な事態は、国民党独裁政権の残虐な支配に対する追及が、民主化運動を支えた民進党などの人権派による主導で本格化する前に、白色テロの残酷は、台湾人が「制圧されたがる心の甘さ」を自己批判できず、権力にすり寄ったために必然となったものであることを受け入れさせ、糾弾の矛先を「底抜けの腐敗と不正」のなかにある台湾社会の「闇の必然性」に押し込め、暴くべき台湾人内部の裏切りの数々によって独裁政権に対する憎悪を分散させ、「人間不信の衝撃や亀裂」のなかに糾弾を埋没させようとする誘導工作である。

西尾の議論をもし額面どおりに聞くならば、彼は台湾社会全体にむけて、その隅々まで知り尽くしたうえで、国民党時代の白色テロの清算の順序方法を設計し、みずからその思想的指導者にならんと乗り出しているように見えてしまう。だがこれはまやかしである。彼の一知半解のこじつけが、試練のなかにありつづける台湾社会に通用するはずがない。本人だってまさかそこまで騙しとおせるとは思ってはいまい。彼はただ聞きかじりの断片的情報を任意につぎ合わせて、自分が影響力を発揮できる日本の保守論壇にむけてだけ、「台湾の歴史の総体」を論じ、日本国内における台湾論議を主導的に統制しようとしているのである。

では日本国内における台湾論議の何を統制したいのか。それは『正論』二〇〇一年一月号掲載の座談会における台独聯盟主席、黄昭堂の発言を読めば了解されよう。[7]黄はいう。「やっぱり日本いまでは台湾の一般民衆は日本を軽蔑、嘲笑し嘗めてかかってきている。日本と付き合うには、こわもてのほうがいいのではないか、中国や韓国、北朝鮮のように、日本に対して過去の罪を取り上げて糾弾したほうが対日外交がやりやすいというような気運が盛り上がりかねない。」民進党に政権が変わって、国民党政権時代の対日政策は間違っていたのではないかという声は実際に出てきている。こわもてで「試して見るだけの価値はある」。親日でなければならない理由はない。台湾は五〇年の植民地支配を受けて非常に苦しめられたというような申し立てもできる。さらに戦後日本の保守政権はもっぱら台湾人の人権を蹂躙する国民党支持一辺倒だったということで、台湾の民主化を遅らせたのは日本の責任であるというふうに糾弾することもできる。民主化したあとも、まともな扱いをしない。陳水扁時代になったらその仕打ちが一段とひどくなった。いちゃもんをつけないと無視されるということになれば、「やっぱりいちゃもんをつけたほうが得ですね」。民主社会では発言の制限イコール発言の自由なしだ、と。

黄昭堂のこれらの発言は、同誌翌月号以降[8]で西尾が記している懸念、「時と所を変えれば、台湾もまた反日に転じる可能性を深く蔵している国だと思っています」、台湾が独立し、発展すればするほど「最も思うに任せない難しい壁」ができる、などにぴったり照応している。台湾独立建国聯盟主席にして陳政権の国策顧問、そして金美齢や黄文雄らの兄貴分でボスでもある台独派随一の知識人政治家の鋭い威嚇のことばを前にして、西尾は本音を口にしたことが読み取れる。「思うに任せない国になる」ぐらいならば、できることなら「独立し、発展」してほしくないと。そして在日台独派に対する敵意のことば、「彼らは台湾の外に逃れ出て、安全圏の日本からかなり好き勝手なことを叫んできた」、日本

『黄昭堂獨立文集』前衛出版社、1998年2月刊。

にいる台湾人が一番熱心な独立派で「いちばん始末が悪い」などは、ここから生まれているはずだ。

先の黄昭堂の威嚇のことばは、二〇〇〇年一〇月の第一二回アジア・オープン・フォーラム開催に合わせた李登輝の訪日が拒否されたため、緊急に設定された座談会の場で、日本の対中「土下座外交」批判という話題設定にかこつけて発せられたものであった。だがたしかに、この黄昭堂の攻撃的対日外交のスタンスは本質的なものであった。台独聯盟日本本部が日本の保守派を主対象とした政治宣伝と取り込み戦略を開始した当初から、黄は台湾の新聞で次のように持論を展開していた。

私が日本政府の政策決定モデルを観察してきたところによると、台湾人の日本に対する伝統的な友誼の強調は、多くの場合逆効果でその反対の結果しか得られていない。台湾人は中国人や韓国人のやり方を学ぶべきであり、日本に対して要求するときは多く罵る

ことだ。そうすれば頼みさえすれば必ず承諾される。怒鳴られれば金を出すということ。(9)

ゴマを擦るかのように見える取り込み戦略と、その背後に回る威嚇の戦略の二つは表面上矛盾するように見えて決して矛盾しないことは、いうまでもなかろう。前者の屈辱に耐えてより深く工作対象の内側に入り込むことによって、決定的場面において威嚇の打撃力が最大の効果を発揮することがもくろまれている。ここにあざやかに見られるものは、取り囲まれている環境の限られた資源のなかで取りうる可能な政治戦略を冷徹に追求する強靱な権力闘争の意志である。こうした黄昭堂の戦略思想の戦闘性を、台湾について深い知識をなんらもたず、もちろん中国語も読まない西尾幹二が、先の座談会発言から完全に見抜いたとしたら、それは西尾の保守主義の思想のうちにある人間に対する猜疑心と不信、利用主義の嗅覚がそれを察知させたとしか、うまい表現が見あたらない。

嗅ぎ取った危険から生まれる身に迫る懸念と敵意、それはここ数年、あまりにも彼/彼女らの親日発言に酔い、依存してきたために、植民地支配から戦後の保守政権の犯罪性まですべて「反日」のこわもてに転じた場合に受けるダメージがあまりにも大きすぎるからであろう。西尾自慢の自著『国民の歴史』(産経新聞ニュースサービス、一九九九年)は「新しい歴史教科書をつくる会」が一億円以上を費やして無料配布活動を展開し、七〇万部の「ベストセラー」を誇示した本だが、その日本の植民地支配免罪論の主張は、黄文雄の著書がタネ本となっている。[10] その黄文雄の、黄昭堂に対する絶対的ともいえる崇拝ぶりは、日本の一般読者むけの著書でも披瀝されている。「堅忍不抜の闘士」にして「長遠な国家理想と国家戦略」をもち、「独立国家としての台湾の将来への国造りを李総統以上に明確に提示できるのは、黄昭堂のみである」と。[11] いずれ総統か、あるいはそれを補佐し匹敵する指導者の地位に主席の黄昭堂を就かせて独立を実現させることが、近い将来に対する台独聯盟の基本構想なのであろう。

これら「親日派台湾人」の離反と反撃の衝撃にそなえて張られた予防線の第一が、台独派と台湾人に対する誹謗中傷、第二が「親日とか反日とかいうことにわれわれは一喜一憂すべきではな」くて距離を置き、在日台湾人が国を背負ってものを言っているように、日本人もまた台湾とは別の国を背負ってものを言わなくてはいけないという「他者論」、そして第三が、国民党独裁と弾圧に加担した問題をめぐる日本人無罪論である。この第三の予防線を支え、前二者の裏付けともなっているものが、日本人は台湾人の情報操作に騙されてきたという虚構である。

3 「騙され」た日本人という逃げ道

西尾幹二がいう、蒋政権下の「テロの苛烈な現実は戦後何十回となく訪台した日本の台湾研究家もまったく知らなかったらしい」というのは誰で、どこから聞いたことか。『正論』二〇〇一年五月号で登場した宮崎正弘がそうであるらしい。宮崎の論稿「台湾庶民のホンネはどこにある」は、西尾を応援するかたちで、同誌前月号までの西尾・小林・西部らの論争に介入した。宮崎を台湾研究家とするのは適当でなくチャイナ・ウォッチャーというべきだが、彼は台湾事情通の立場で西尾の議論の正しさを説明し、台湾事情を補足的に解説する。

そこで宮崎は「獄中のことを自由に喋るようになったのは九五、六年ころから」という台湾人の知人の発言を紹介する。また国民党政権期の「親台派」評論家、藤島泰輔が、その頃になって「あのときは真実を語れなかったけれど、信号はちゃんと送っていたのですよ。どうしてこちらの気持ちを忖度してくれなかったのか」と詰め寄られ、「ファシズム的体質の国民党にうまく乗せられたのでは?」「こちらの善意でやった日華友好親善も外省人の笑顔、あのつくられた薄笑いに騙されていたのか」と沈み、「単純な江戸っ子気質」のために慚愧と後悔の念に悩んだ話を紹介する。そして「このことが過去の日本人の台湾論をして誤謬に陥らせた最大の原因ではないか」「しかし、そんなことを何十年もしてから言われても…である」「国民党しか窓口はなかった」「あれだけ親しくして何度も何度も台湾で、日本で飲み明かしたのに、つい先日まで長い沈黙の真実について語らなかったではないですか」として、「こうした経験からも、まさに西尾幹二氏が指摘するように、「敵は国民党ではなく、国民党と対決してこなかった長い時間こそが本当の敵」であったのである」とまとめる。

宮崎は個人的、一面的な経験だけをつぎ合わせて真相をいいくるめようとしている。そして友情をないがしろにして仮面をかぶり、日本人に対する情報操作をしていた台湾人の卑屈をなじり、これと国民党のファシズム的体質、外省人の「つくられた薄笑い」によってまんまと騙されたため、善意に反してファシズムに加担させられた純であわれな「親台派」日本人の誠実さが、どす黒く救い出されている。こうして「敵は国民党ではなく」、子供のようにコロリと騙されつづけた善人の「親台派」日本人の国民党礼賛もすべて免責されるべきだということで、原因と責任はすべて「国民党と対決してこなかった」長い無明の台湾の時間、つまり台湾人の屈従の歴史のせいにされる。

これは嘘である。蒋政権の弾圧に加担しつづけてきた日本の「親台派」の犯罪性を塗りつぶし、今後も「世界で最も親日的」と愛玩してきた台湾人たちから告発を受けることがないように作られた、考えられるかぎり最も卑劣なデマである。

第一に一九九五、六年にいたるまで、国民党政権の弾圧支配が「親台派」や日本社会のあいだで知られてこなかったという。保守陣営の側だけに限ってもきりがないので、代表格で大宅壮一ならば、『サンデー毎日』一九六五年一二月五日号「サンデー時評」で、ヴェトナム、韓国とアジアの三大独裁政権をなす蒋介石政府から〝台湾人の台湾〟にむけて「援助の手をさしのべるべきではなかろうか」と、大宅は教えている。また日本航空の旅行ガイドブックにまで台湾では「戦争と政治の話をすることは禁物」と書かれていることについて、鈴木明はベストセラーになった『誰も書かなかった台湾』（サンケイ出版、一九七四年、四六頁）でこう説明している。「日本人の（特にインテリの）感覚からすれば、台湾は「軍事独裁国家」である。一切の政治批判は許されず、その複雑な政治構成を考えた場合、迂闊には口はきかない方がいい」という意味であろう、と。ところが実際には「初対面の僕にも、驚くほどの素直さで、過去の苦しさや未来への展望を語った。そして、その一つ一つが、僕には日本の政治家たちにきいてもらいたいような、胸を打つ話ばかりであった」として、鈴木はむしろ「なるべく「戦争と政治の話をしなさい」とおすすめしたい」と提言している。このことだけからも分かるように、国府支配下の台湾政治を日本国内においてタブーに置いてきたのは日本の側だった。

第二に、台湾人が「長い沈黙」を守ったために、恐怖支配の実態が分からず、日本人は善意の日華友好親善を食い物にされたという。国府弾圧下に行なわれた勇気ある告発と恐怖支配の実態暴露を知りたかったのなら、在日台湾独立派が『台湾青年』や一般雑誌などに投稿して日本社会にむけて行なってきた懸命の宣伝啓蒙活動にすこしでも目を向ければよかった。弾圧の実態を具体的に日本社会にむけて伝える書物は、古くは一九六二年の史明『台湾人四百年史』、六四年の王育徳『台湾　苦悶するその歴史』、七〇年の林景明『知られざる台湾』など出ている。それでもこれらは大きな社会的反響をよばなかったというならば、それは「日華友好親善」への影響を恐れる保守派をふくめた日本のマスコミが、メディアから彼らを閉め出してきた責任がまず問われなければならない。それは良く言っても未必の故意の黙殺である。

それに反響がなかったというのは当たらない。たとえば王育徳の前掲書は三大紙から地方紙、週刊誌までが書評を載せ、二カ月足らずで三刷を重ね、初版で約一万五千部を売った。佐藤栄作も著者に「中国人と仲よくできんもんかね」と読んだ感想を語ったという（同書の増補改訂版「あとがき」）。また実験的純文学として話題になり、これもベストセラーとなった長編小説、丸谷才一『裏声で歌へ君が代』（新潮社、一九八二年）は、在日台湾独立運動を主題にしたものであった。この小説を読むだけでも、国府支配の実態、常時一万人近い政治犯の存在、弾圧に対する電力施設破壊や一連の手紙爆弾、蒋経国狙撃事件などの民主化独立運動の抵抗を知ることができる（二二一―二二九頁）。

台湾内部でいえば戒厳令解除自体が恐怖支配に対する台湾人の抵抗の結果もたらされたものであり、その過程で多くの告発がなされてきた。戒厳令解除後では、まず藍博洲が『幌馬車之歌』（時報文化、一九九一年）で切り開いて以来、続々と公刊され版を重ねた。日本でも柯旗化『台湾監獄島』（イースト・プレス、一九九二年）、楊威理『ある台湾知識人の悲劇』（岩波書店、一九九三年）などに始まり、九〇年代半ば以降は訳書なども多く出されてきた。宮崎が引く「獄中のことを自由に喋るようになったのは九五、六年ころから」という発言は、こうした民主化の闘いが言論空間を切り開き、庶民の日常生活レベルにもその成果が浸透して、声をひそめることなくどこでも「自由に喋る」ことができるようになったという意味であろう。宮崎はそれをおそらく意図的に悪用している。

宮崎は一面的な自分の経験談に引きこもって、悪いのは台湾だから自分たちは何も知らないし責任もないと逃げを打つ姿勢をあらわにしている。だが西尾は密告体制の共犯者として台湾人、在日台独派の責任を糾弾してやまない。そうすることによって「共犯構造」論のなかに彼/彼女らをおとしこみ、黄昭堂がほのめかしたように、過去の清算が日本に及ぶのを防ごうとしている。だがここで西尾はみずから掘った墓穴を目の前にしている。「思想上の厳格な自己批判」は「日本やヨーロッパであるなら必ず起こるであろう」という。ならば足許の、みずからの日本保守陣営が国民党の恐怖支配に協力して行なってきた犯罪をまず追及するべきである。

それはまちがいなく過大な「倫理的要求」であり、「ないものねだりの無理な願望」である。しかしだからといってこの暴力と傲慢を前にして、口をつぐむべきではない。ひとつだけ挙げよう。

ある日本人青年が一九六四年春に亜細亜大学を卒業した。彼の中国語の成績がよかったことから、財政学教授の石村暢五郎と中国語講師の王福智（後に宮田と改姓）に目をとめられ、台湾留学をすすめられた。渡台すると政府役人の歓待をうけ、台湾大学政治研究所員の身分を与えられた。やがて下宿先に指定された台湾人特務の家で、教育部安全室所属の特務による洗脳教育が始まった。外出を許されず朝から晩まで三カ月続き、「偉大なる蒋総統の御恩」にこたえて「日本人は過去の償いをする必要がある。それにはいう通りに動かなければならぬ」と、スパイ活動を命じられた。大使館に直訴すると言って拒否すると、事故死に見せかけて殺すと迫られた。ある日、脅しのために突きつけられた刑具がひたいに当たり、血が噴き出した。逆上した青年はその特務と乱闘になり、相手を叩きのめしてしまった。するとその後、事件を聞いた石村が日本から現れ、「おとなしく、かれらのいう通り行動せよ」と説得した。思いもよらなかった石村の登場に青年は反抗する気力をなくし、命令に従った。

最初台湾の日本人留学生の思想行動の調査を命じられたが、同じ日本人にはできないと断ると、台湾大学の学寮で、独立派などを調査する任務に換えられた。親しくなって打ちとけてきた学生が「台湾人を主体とした共産党」などを考えているようだと報告すると、半月からひと月たって「きまってこの人たちはどこかに蒸発した」。指示通りに台湾人政治家にも接触した。何とか信用を得て、すぐ戻るから荷物も貯金も置いておくと丸め込んで脱出した。帰国後は一年半ずっと入院生活を続けた。特務は台湾に戻れと執拗につきまとったが、あきらめると、日華友好団体のメンバーにするといってきた。亜細亜大学の創立者の太田耕造学長、工藤重忠教授が保証するというので、七四年八月に一〇日間だけ台湾を訪れた。でっち上げの談話が「日本学生代表」として新聞にデカデカと載り、団長の工藤に抗議したが無駄だった。「そういってないにしても全く同じことを心のなかで考えておるのは確かで、それが根本思想で、今日のわれわれの台湾行きとなったのだから、どっちみち同じことだ」と。そして亜細亜大学と姉妹提携した大学からの留学生の世話を頼まれ、どうすれば腐れ縁を切れるか悩んでいたところで、『台湾　苦悶するその歴史』を読み、初めて台湾の歴史とその苦悶を知り、後悔の念にかられて王育徳のところに相談に訪れた。これがこの青年の話が公表されるまでの経緯である。[12]

この青年が語る学生たちはどこへ行ったのか。この話しから読み取れる組織的でルーティン化された日本人特務留学生養成の流れは、彼のためだけに一度だけ行なわれたものだとは到底思われない。はたしてどれだけの留学生が何人の学生を蒸発させたか。まだ誰にも分からない。だが国民党政府の「監獄時代」が明るみになるならば、やがてこの「日華友好親善」のひとつの姿をも、歴史の闇から浮かび上がらすことができるはずだ。

わたしたちは戦後台湾をめぐって、戦後左翼の宿痾と保守派の利用主義、そして国民党の恐怖支配を支持し加担してきた「親台派」の犯罪を足許にもっている。それらの負債を、みずから整理すべきではないのか。在日台湾独立派の運動方向がこれからどう展開されていくのか分からない。だが彼／彼女らから指摘されるのを待つまでもなく、その民主化運動が戦場とした日本に残した遺産、政治的党派の対立関係に埋没しない人権政治闘争の理念を手がかりとして、それにも学び、また問い直しながら、日本の戦後史の問題として「日華友好親善」に対する批判と過去の清算を行なっていく責任がある。それが政権交代の段階を迎えた台湾の民主化運動に対する、あるべき応答のひとつであろう。

4　植民地主義の炎のなかの台湾独立運動

日本に誇りを取り戻して「アジアのリーダー」になってもらいたいと奮起を呼びかけるなかで、金美齢は最近、次のような文章を自分に言い聞かせるように書くようになっている。「最も重要なことは、日本が領土的野心を全くもっていない主権国家だということである。そういう国がリーダーシップを取ってくれれば、〔中略〕いざというときに何の懸念もなく協力を仰ぐことができる。」「今は領土欲のための戦争は絶対にしないと、これは自民党から共産党まですべての政党で一致している。〔中略〕その点が私にはとても大切なことであって、だからリーダーになってほしいのです。[13]」

「媚日」と言われてもなお宣伝工作を続ける拠り所であろう。中国のような覇権主義にはならないという安全弁。こうしたことがらは、金美齢がどんな戦略を立てたとしても、絶対に大丈夫だと安心して放っておくことができるものではないが、一九世紀的な台湾に対する海外領土的野心はなくとも、すでに古くさい植民地主義は新たな装いで復活している。その担い手の一人は彼女自身である。

西尾幹二の台独派に対する敵意は、安全だとタカをくくって「安全圏の日本からかなり好き勝手なことを叫」びながら「日本に救済を求めて」台湾独立に利用しようとする金美齢の態度にも明らかに向けられている。金のすべてをカード化する戦略論は、日本の保守主義者たちを植民地主義者としてあらためて鍛えあげる効果を呼び起こしている。すなわち表面上従順にみえる植民地人／奴隷たちに騙されることの恐怖に取り憑かれた植民地主義者たちは、一方で騙されるものかとさらに鞭をふるい、もう一方は自分たちは騙されない者、理解者なのだとつぶやきながら、騙されない／覆されない支配の安定を求めてにじり寄りつづける。[14]西尾・小林論争なるものはここに生まれている。

そして金美齢が政府よりも一足先に、個人的に「日台同盟」を組んだという深田祐介は、どんな「日台同盟」論を金との共著で提起しているか。「台湾よ、大陸反攻を想起せよ」である。「中共」をできるだけ早期に粉砕し、終結させるべく準備しておかなくてはならない。もし中国から侵攻を受けたら、「攻勢防御」の発想でたとえば華南沿岸地区に進攻、華南に民主的政権を作って中国分裂の契機を作るのも方法である。「中共」が威嚇してきたら、台湾は沿岸に侵攻し民主政権を樹立すると言い返せばいい。「中共」は怒り狂うだろうが実力がないから動けないはずだ。台湾の軍事力は「中共」を一蹴できる。日台、韓国、インド、東南アジアなど民主主義国で「中国包囲網」を整え、さらに包囲網を一歩進めて中国大陸を南北に分断し、北京、華北を隔離していく戦略がいい[15]。

「中共」政権に代わる新たな中国大陸の政権を担ったらどうかという提案である。蔣介石の悲願を独立台湾に代行させてその「恩義」に報いようというのではなく、一〇〇年前の廈門事件や日中一五年戦争を再びしかけて、未完の「支那膺懲」を達成しようというところに本意があるのだろう。ところが「日台同盟」だといいながら、日本はこの「中共」粉砕戦争で何をするのか何も言わない。台湾に戦略を与えて大陸侵攻の尖兵にしたてておいて、包囲網の中核として大本営からそれを指揮するということだけである。台湾への利用主義は、親日派台湾人の協力のもと、文化から歴史、政治から軍事へと発展する。

もちろんこれは現時点では、日本の中国対決論を、かき立てる段階から常識へと定着させるための想像力喚起シミュレーションにすぎないというべきだろう。台湾政府がむやみに日本の中国粉砕論に乗せられることもないはずだ。だが台湾独立戦争の「いざというときに何の懸念もなく協力を仰ぐことができる」という金の個人的確信が、ただの呪文にすぎなくなっていることも確かだ。

ここで問題となっている日中台の台湾問題をめぐる国際政治の論理とはどんなものか、すこし参照してみよう。金の対日宣伝工作の到達目標は、台湾が独立宣言をしたら、日本政府に「静かにでも、それに賛意を示して」もらう、そして「独立台湾を承認する」と声明を出してもらうことに定められてきた。[16] ささやかなようにも見えるが、何らかの、相当に大きな見返りなしに日本政府の中台政策が転換し、独立承認に向かうとは考えられない。アメリカが先に承認したとしても、外国からの台独支援には武力行使も辞さないとする中国軍を目の前にしている日本政府が、日中国交の時のようにすぐアメリカの後追い転換をすることはできないだろう。日本の中台分裂への介入は、第二次大戦後続いてきた東アジアの地政学を根本から変え、日清戦争期への逆行を想起させるものでもある。その歴史的、地政学的な影響力の大きさは、地球の裏側からのアメリカの台湾問題への介入とも、次元が違う。

現状では日本の台湾独立への支持は、深田祐介がやや戯画化してえがいているような、「中共」粉砕作戦にまで踏み込む覚悟がなければできないものであろう。それなしには台湾と並んで中国からの核攻撃の威嚇の前に身をさらすことなどできないからである。それゆえにこの日本への見返りの代償はかなり高く見積もられ、金美齢ないし台独聯盟はこの将来の代償を政治的に安く切りつめる目的で、自覚的にいま台湾の歴史と文化を資源として日本に差し出しているのだろう。

日本統治下台湾の民族運動を論じるなかで、かつて矢内原忠雄は「台湾は日本と支那との二つの火の間に立つ」と述べた。[17] いまこのことばを言い直すならば、もはや台湾はこの両者のあいだに立たされて焚き付けられるばかりではない。金美齢は現政権の国策顧問としてこの二つの炎をかき立て、その中で独立台湾の外殻を鋳造しようとしている。過去に日本帝国主義と国民党独裁のあいだで焼かれてきた人びとの思いをカードにして、その火のなかにくべることで、日本の野心と傲慢を燃え立たせること、そこにしか台湾の未来のためになる政治は現在の日本で展開しえないのだと見切っているのだろう。だがその政治は、一〇〇年来の日本の植民地主義に加担し、植民地主義の暴力を歯止めなく燃え上がらせるものだ。

自分たちが生みだしてしまった小林『台湾論』を、台湾社会での非難から守るために、黄昭堂はこう述べている。「日本に三〇数年間いた私の経験から断定できる、日本に軍国主義が再生する危険はない。その可能性はない。甚だしきにいたって誰かが台湾を日本に献上しようと言いだしたとしても、彼らは受け取らないだろう」と。[18] これは金美齢の呪文の反復ではない。むしろそれに先行し、金や黄文雄はこの断定のうえに立って、それぞれの領域と方法で個性を最大限発揮するかたちで共同の権力闘争を展開していると推定すべきであろう。そうだとして、日本軍国主義の再興とそれによる台湾再占領さえ起こらなければ、それでいいのだろうか。台湾の領土権さえ認められれば、台湾の独立運動はその解放の目的を達したといえるのだろうか。過去の植民地主義とその暴力の罪科が、台湾独立の大義名分のもとに免罪され、植民地支配が帝国の恩恵として美化されるなかで、居直った植民地主義者たちが更新しつづける暴力に、台湾の社会はさらされつづけなければならないのか。そしてあの被害者たちはまたも沈黙に追いやられ、その領土のうちにある記憶たちは、台湾独立の「名誉」ある独立建国戦略の名のもとで殺しつくされなければいけないというのか。

いま在日台独派はその独立建国の目的から手を結んだ日本の植民地主義者との結託の道行きのはてに、台湾と日本の社会の双方において、排外的国民主義／国家主義を打ち立てようとする段階にまで立ち至っている。これはどんな事態なのか、なぜこんなことが起こっているのか、いかなる根拠と立場においてこの事態に介入し、抵抗することができるのか、そしてそれ以外のどんな道が考えられるのか。終章において、これらの課題に取り組む実践へと歩みを進めたい。

なお終章はこれまでの叙述とはまた別の世界に入り込み、やや趣を変えた文体への転調をともなってもいる。その前置きとして、次のことを書きとめておこう。

一九六二年のこと、台湾の苦しみと独立の解放の展望が誰にも理解されない困難のなかで、かつて王育徳の口をついて出たことばがある。「国際情勢とにらみあわせて、自分たちの力が弱いのだから、できれば悪魔の手でもかりたいと思うくらいです（笑い）。」このことばは金美齢によって約一〇年後に反復されている。「ルムンバの言草ではないが、われわれは「悪魔の手でも借りたい」のである。[19]」悪魔の手を借りて独立を導くこと、それがよくないものであるだろうことは誰にでも想像できるし、それを批判するのに、ととのった理論的な考察を提起するのも、難しいことではないかもしれない。だが通り一遍の倫理観で理念的批判を反復していくことによって事態に対抗する力が得られるとは思われない。植民地主義の悪魔の手を借りて、手を結んで独立建国を導くという、その道行きがどんなものであるか、その具体的な恐ろしさと悲惨を、いまわたしたちは感じなければならないところにきている。それを感知することのできる地点に一歩でも近づこうとするこころみが、以下の叙述での主要な課題となる。

注

(1) 伊藤潔「西尾幹二氏の「続・わたしの台湾紀行」に一言あり」『正論』二〇〇一年四月号。
(2) 林建良「陳水扁政権と新たな日台関係」『正論』二〇〇〇年七月号。
(3) この中正堂は産経グループの「箱根彫刻の森美術館」の敷地内にあり、同館が管理責任者となっているが、一般公開はしておらず、案内地図にも所在地は載っていない。
(4) 読者の参考までに一例を挙げれば、李喬『台湾人的醜陋面　台湾人的自我検討』前衛出版社、一九八八年が代表的であろう。これは日本語訳されていないが、同じ李喬の小説「密告者」は山口守監修『バナナボート　台湾文学への招待』JICC出版局、一九九一年に収められている。

(5)翌月の『正論』二〇〇一年四月号の林建良「在日台湾人の情報操作はあり得ない」は、この西尾の引用は誤解だと否定している。現在六〇歳代中心の在日台湾人は、台湾における新世代の「反日要素」などを台湾の内情に疎い日本人にあえて強調することはしていないので、「確かにある面では完全に伝えていないかも知れません」と述べたのだと。

(6)小林よしのり「活字版ゴーマニズム宣言　台湾は信じられない国なのか?」『正論』二〇〇一年三月号。西部邁「保守思想の名誉のために」同前誌同年四月号。他に『SAPIO』連載の小林よしのり「新・ゴーマニズム宣言」参照(小林『新・ゴーマニズム宣言10』小学館、二〇〇一年に収録)。この連載において小林は当初、自分にもむけられた西尾の台湾批判を「粉砕」すると激昂して予告していた。だがその後、西尾の誤認に反駁し、無知をあわれむかたちに「粉砕」はトーンダウンしていった。それは西尾が『正論』二〇〇一年五月号「読者へのごあいさつ」で、いまは「新しい歴史教科書をつくる会」の教科書(扶桑社刊)が教科書検定に合格するか、採択が進むかの「今までで最も重要な時期」であり、同会会員から「内輪もめはしないでくれという悲痛な手紙が何通も届い」ている、だから小林らとの論争は「当分のあいだ休戦」だと呼びかけたのに対し、自発的に一種の〝手打ち〟をわきまえるようになったからだと推測できる。小林もまた同会の歴史教科書の執筆メンバーである。なお西尾幹二「わたしの台湾紀行」正続編は西尾『国を潰してなるものか』徳間書店、二〇〇一年に収録。

(7)前掲「緊急鼎談　ここまで来たか!　日本政府の〝恐中病〟」。

（8）『正論』二〇〇一年の西尾幹二「強く信じるからこそ強く疑える」二月号。西尾「続わたしの台湾紀行」三月号。西尾「読者へのごあいさつ」五月号。
（9）黄昭堂「台湾人自取其辱、該死、該死、該死！」前掲『黄昭堂独立文集』所収（初出は『自立晩報』一九九四年九月二日）。
（10）「教科書に真実と自由を」連絡会編『徹底批判『国民の歴史』』大月書店、二〇〇〇年、二三九・三〇三頁など参照。
（11）黄文雄『主張する台湾　迷走する中国』光文社、二〇〇〇年、一九七頁。
（12）以上は王育徳「特務になった日本青年の話」『台湾青年』一九七七年一月号をもとに、わたしが調べて知りえたところを補訂して記した。この青年の話の信憑性は基本的に疑いないと判断する。七四年八月の「日本学生代表」としての訪台とは八月一五日から二六日まで台北で開催された「第七回アジア青年育楽営」の参加を指す。この催しは蒋経国の権力基盤の培養で重要な役割をはたしてきた青年・学生動員組織「中国青年反共救国団」が主催して行なわれたもので、この第七回ではアジア・太平洋の反共自由主義国家から百人以上の代表が参加、副総統や教育部長（蒋経国の子の蒋彦士）なども挨拶に立ち、国内の夏期青年動員運動と連動して「反共の決心」をマスゲームなどで大々的に展開した。とくにこの年は日本からの代表参加に大きな意味が込められていた。会議開幕の八月一五日には『サンケイ新聞』が大型企画「蒋介石秘録　日中関係八十年の記録」の長期連載を鳴り物入りで開始し、中国国民党機関紙『中央日報』でも同時に訳稿の連載を開始したことから、この年の夏、台湾では日華断交以来停滞してきた反共の「日華友好親善」が全面的に回復されたかのごとき熱狂を演出されていた。『中央日報』七四年八月一五・一六・一七日など参照。

(13) 前掲『日本よ、台湾よ』一七六頁。前掲『敵は中国なり』一三〇頁。

(14) レイ・チョウ(本橋哲也訳)『ディアスポラの知識人』青土社、一九九八年、九二—九三頁参照。

(15) 前掲『敵は中国なり』一三三—四〇頁。

(16) 同前書二二五—二二六頁。

(17) 矢内原忠雄『日本帝国主義下の台湾』(『矢内原忠雄全集』二巻、岩波書店、一九六三年、三七六頁)。

(18) 黄昭堂「小林善紀正確表現李登輝　評『台湾論』」前衛編集部編『台湾論風暴』前衛出版社、二〇〇一年、四頁。

(19) 座談会「引き裂かれた民族」『現代の眼』一九六二年一一月号、二九頁。金美齢前掲「「台湾」をめぐる最近の論調」三〇頁。この王育徳の発言の背景については、座談会「台湾　世界資本主義と帝国の記憶」『インパクション』一二〇号、二〇〇〇年七月、一八—二四頁で説明した。ルムンバはコンゴ独立運動の指導者、六〇年の独立で初代首相となったが、翌年コンゴ動乱で殺害された。

終章　日台植民地主義の連鎖

台独聯盟の盟員ではないが、代表的台独派知識人のひとりである伊藤潔は、小林よしのりへの入境禁止処分についてのコメントとして、台湾の新聞に次のように語った。

　いまの日本で台湾を助けているのは保守派だけだ。彼らの考えは大体、現在批判されている小林の考え方と同じで、ただ口に出して言わないだけだ。もし台湾がこのような考えの者を入境禁止にするというなら、台湾は日本に友達が一人もいなくなる。ならば「台湾の対日工作は即時停止していい。駐日代表処も閉鎖してもいい。」(1)

この発言は、在日台独派が現在の政治宣伝戦略のあり方に確信をいだく背景をよく表現している。こう断言されても何ら不可解でない来歴が在日台独運動の歩みにあったことは、すでに本書で見てきたとおりである。だが本当に、そのとおりだろうか。日本の植民地主義者の野望と幻想に付け入った結託にしか日台間の関係は成立しえず、また過去においても、ありえなかったのだろうか。

金美齢らの政治戦略の根幹部には、戦後日本の左派陣営、とくに一九七〇年前後のその「台湾処分」論議に対する憎悪が固着している。それはとめどなくあふれ出す怒りの源泉ともなる。あの激動と変革の時代、もし蔣政権を倒す、あるいは少しでも民主化に踏み出すことができたならば、どれだけの血と涙が流されずにすんだか。蔣政権下の台湾と密接な関係をもち、それゆえに台湾の動向に影響力を発揮できたはずの日本の政府と社会は、右から左までそろって、蔣政権を「監獄島」台湾に閉じこめて存続させることに手を貸しただけではなかったか。また島内で暴虐のかぎりをつくす蔣政権のテロルに歯止めをかけさせることができた唯一の手段は、海外の国際世論からの抗議活動だけであった。世界の平和と人権尊重をかかげて「進歩派」「人権派」を名乗った戦後日本の左派知識人たちは、他ならぬ日本からの強制送還に、どれだけ心をくだいたか。なぜ台湾の実情を知ろうとする前に、中国の反応や日中関係の理想を優先的に考慮し、意図的な黙殺を高度な「政治的判断」として正当化し、錯誤だらけの台独派批判、「ＣＩＡの手先」説をくり返すことができたのか。

戦後左翼の台湾認識の貧困について、弁解できる余地はほとんどないように思う。しかし戦後左翼の犯罪性に対して内部から怒りの声をあげ、その限界を克服しようとした取り組みは、台湾問題をめぐってもたしかに現れていた。それは目立った既成の政治勢力に結びつこうとしたものでなく、それゆえにまた華々しい成果を誇るような展開を遂げてもこなかった。だがそれは少なくとも、同じ戦後日本の植民地主義と差別的抑圧体制への怒りから出発して、在日台独派が歩み取ったものとは異なる道があったことを教えてくれる。本章ではまずそれら在日台独派の近くにあって異なる道を歩んだ、いくつかの経験を手がかりにして、在日台独派の歩みいたった位置を照らしだし、彼／彼女らは現在の政治宣伝工作の躍進の背後で何を棄て去ってきたのか、それは何に原因する、どんなできごととして、いまあるのかを明確にしよう。それは同時に、植民地主義の再生産の連鎖から脱却する可能性をつかみ取る営みの一部ともなろう。

1　在日華僑青年運動と入管闘争の経験

一九六九年三月、国会に提出された出入国管理法案をめぐって、法案通過を阻止するとともに、戦後日本の入管行政における外国人抑圧を告発しようとする「入管闘争」が始まった。法案は五一年施行の出入国管理令を強化してアジアにおける日本の政治、経済、軍事の地位役割の増大に備え、在日外国人——その大部分は侵略と植民地支配、強制連行の結果ないし遺産として日本にとどまることになった、当時六〇万の在日韓国・朝鮮人、五万の在日華僑の定住外国人によって占められる——を潜在的犯罪者として日常的な監視と調査、治安統制のもとに置き、政治活動への関与も封じようとするものであった。六九、七一、七二、七三年と四度にわたって上程されたが、在日外国人に人権はないとする法務省・入管当局の排外主義に対する内外からの強い反対にあい、法案は成立にいたらなかった（後に八一年に「出入国管理および難民認定法」が、問題になった政治活動規制条項などを外して施行、さらに九〇年に改正法施行）。

いまこの入管闘争について、そこにいたるまでとその後の紆余曲折について、全体像を描くことはしない。六八〜六九年の全共闘運動の後、七二年頃まで、新左翼諸党派において入管闘争は重要課題のひとつにかかげられていった。そして数千から時に一万人を超えたデモや集会、長崎の大村入国者収容所への突入など直接的な対決行動もふくめ、さまざまに運動が展開された。だがここではそうした一時のはやりことばとなった「入管決戦」

の推移を、諸党派の対立関係をふくめて論じていくのでなく、入管闘争の中心につねに位置しながら、「入管決戦」の政治主義と利用主義的連帯論に抵抗していくことで、入管闘争にはじまる独自の道を切り開いた在日華僑青年運動と、その周辺の動きを追ってみていくことにする。

一九六九年入管闘争における問いの深化と発見

入管闘争が取り組まれて間もない一九六九年四月二〇日、横浜生まれの二二歳の台湾籍華僑で、奈良県立医科大学の学生、李智成が服毒自殺した。彼は大学自治会や後述する華僑青年闘争委員会（略称は華青闘）などで活躍していたが、「満腔の怒りをもって佐藤反動政府の〝出入国管理法案〟〝外国人学校法案〟に対して抗議する」との短い遺書をのこして自殺した。なぜ彼は死んだのか。外部の者にはくわしいことは分からなかった。いま、わたしも分からない。ただ、当時華青闘などとともに入管闘争に取り組んでいた津村喬が分からぬまま記した問いが、間接的なかたちで、彼の死をめぐっていまも残されている。「人は弾圧に抗議して死ぬものだろうか」「単に弾圧立法が問題なら、廃案の少なからぬ可能性の中で死んだりするのは喜劇めいてさえいるではないか」、だがしかし、華青闘が内輪で開いた追悼集会で「みんなあんなに泣いたのはなぜだったろうか。[2]」
人の自死をなにか分からぬまま論じることはできないし、そもそも慎むべきだろう。だが李智成の自死の周辺には、その頃台湾の監獄に拘留され死の危険にさらされていた陳玉璽の影が、海をわたり長く届いていた。
その当時陳玉璽については、六八年二月の強制送還後、八月の一審判決（動乱教唆罪で禁固七年）をへて一〇月に再審の上告が本人欠席の秘密裁判で却下され、刑が確定（二審制で最高裁はないため）していたことが、六九年に入ってから明らかになっていた。強制送還から一審判決が出るまでの重要な時期に、陳と近い位置にいた華僑青年たちは、事件の背景に関与していると目された東京華僑総会幹部や系列の日中友好団体の画策もあって、有効な救援運動を展開しえないまま事態の推移を見守るしかなかったようである。だが六八年末に横浜華僑連誼会・婦女連合会のある女性が、陳玉璽事件の背後にある華僑総会幹部と法務省の癒着をカベ新聞に書いて告発し、除名されたのを皮切りに、華僑総会系の青年たちによる総会幹部の責任の追及、「造反」が始まった。[3]
陳の投獄から刑の確定まで、それを座視し許してしまったこと、それはこの残虐な入管体制をさらに強化する目的で国会に提出された入管法案を前にして、それと結合し、法案成立を断固阻止し、二度と陳事件をくり返させてはならないという決意に形象化されていった。三月九日、華僑青年闘争委員会は次の闘争原則のもとで入管法案・外国人学校法案に対する闘いを展開することを確認し、結成された。それは反帝・反権力闘争として、大衆的基盤による実力闘争を展開し、真の中日両国人民の戦闘的団結をかちとるという原則で、これまで内政不干渉などの名目で日本の入管体制に対する取り組みを曖昧にし、二法案に対しても議会陳情の枠内の抗議にとどめようとした華僑総会幹部の「右寄り路線」に訣別し、みずからその限界を乗り越えようとするものであった。(4)

中国の文革になぞらえ、華僑総会指導部の「実権派」に対する「造反グループ」とも呼ばれた華青闘など在日華僑青年運動は、この時期相継いで結成された語学共闘（日中学院など中国語学校の学生を中心とする）、国際青年共闘会議（一九六七年三月の第一次善隣会館事件をきっかけに結成された日中青学共闘会議が前身で、東南アジア留学生、アメリカ人平和運動家なども参加して再結成）、チョッパリの会（日本人青年学生の在日朝鮮人との連帯組織）など国際連帯組織や、親中派の新左翼ML派などと連携して、その後華僑総会や日中友好協会（正統）の「実権派」糾弾と法案粉砕闘争を展開した。そのなかで、四月中旬に開かれた「中国通信社二周年記念集会」において「陳玉璽事件を再び許すな」と書いたビラをまこうとしたが、華僑総会「実権派」側が手配したと目される一団の青年の襲撃を受け、排除されたという[5]。李智成が自殺したのはそれからまもなくのことだった。

どんな抗議だったのか、それ自体については、くり返すがいまわたしには分からない。

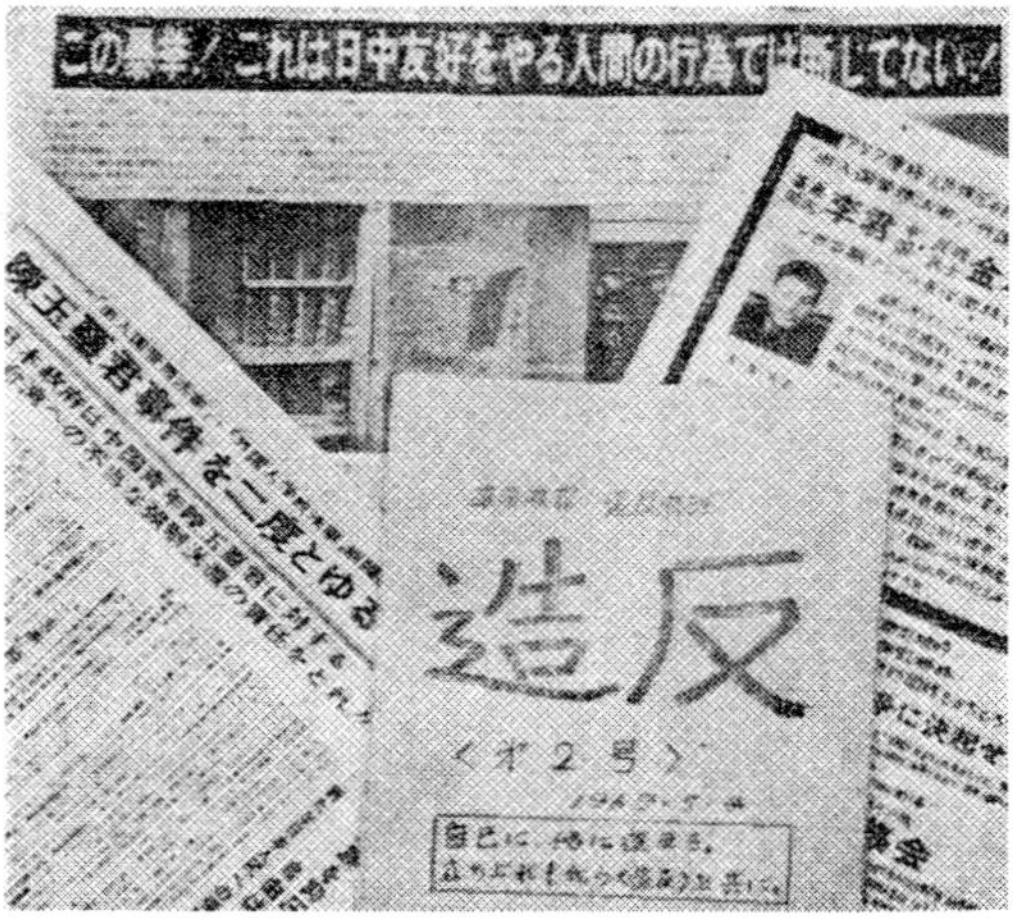

手前は華僑青年統一協議会のパンフレット『造反』2号、1969年5月4日。左は「陳玉璽事件を二度とゆるすな」とのビラ、右は李智成らの自死から入管法闘争への決起を呼びかけるビラ。奥は日中友好協会（正統）本部機関紙『日本と中国』による造反グループとの衝突についての報道。見出しに「この暴挙！　これは日中友好をやる人間の行為では断じてない！」とある。『オブザーバー』69年5月11日号より。

だが彼の死後「そのことは、多くの在日華僑青年に深い悲しみと怒りを燃え上らせ、火が噴いたように、両法案粉砕のたたかいが盛り上りはじめた」という[6]。新左翼諸党派も入管法の問題を取り上げ、全体の闘争のスケジュールのなかに組み入れたが、問題を治安立法の一環、外国人むけのそれとしてだけ位置づけるのが一般的で、入管問題は「三流どころの改良闘争」にすぎないと目されていたようである。こうしたカンパニアのなかの解消と停滞が進行する事態を突破したのは、華青闘が七月一日から新宿西口広場で行なった入管法案告発無期限ハンガー・ストライキ闘争（～七月一九日）であった。ハンストの座り込みはくり返し機動隊や右翼から深夜の襲撃を受けた。現行入管令に抵触するかたちで入管法案と闘うことは、定住外国人にとってはまさに致命的な危険を冒すものであり、闘いは法案成立後の事態に対するものである以上に、それ以前に、現行入管令下の入管体制に対する身体をはったそれにならざるをえないことが、この切迫した事態のなかで明白になっていった。[7]それゆえにハンスト突入宣言にはこう記されていた。「われわれは自らの肉体をなげうって、同法案を告発し、政府を告発し、アジア人民の屍の上に安住している日本人を告発」すると。[8]

このような日本人一般に対する告発は、新左翼のいくつかの党派からは民族主義だと批判され、（敵は）「日本人じゃない、日本の反動派だよ、反動派」とヤジられもしたという。だがハンスト団の告発は、自分たちはプロレタリア国際主義の連帯に最初から立っているとして、全体の「決戦」にむけたスケジュールのなかに現実の外国人抑圧の問題を解消し、放置することで戦前以来の抑圧構造に安住する日本の新左翼をふくめた「帝国主義本国人民」に対して向けられたものだった。(9) そしてまたハンスト団の横断幕には「二度と陳玉璽強制送還事件をゆるしてはならない」とのスローガンが大きくえがかれ、(10) この闘いと告発に起ち上がることの華青闘自身にとっての意味も、そこに確認されていた。

法案成立の阻止は、在日外国人の人権を守るために、なんとしても実現しなければならない目標であった。だが利権や癒着のルートを豊富にもった華僑総会幹部などが、華青闘らの「造反」を弾圧しつつ、議会陳情などの手段に法案反対の動きを統制するなかで「廃案の少なからぬ可能性」が現実のものとなり、かりに法案成立が先送りされたとしても、それで陳玉璽事件をふたたび許さないということになるだろうか、現今の入管体制における在日外国人への人権侵害はいくらかでも改善されたといえるだろうか。単に法案通過を阻止するだけでなく、同時にこれまでの入管体制を支えてきた差別的抑圧構造の構成因子を内在的に取り除いていくこと、それが国際連帯における入管闘争の課題として明確になっていった。華青闘結成時にかかげられた闘争原則はその課題を在日華僑社会の内部から追求する宣言であった。李智成の死はその困難な、だが本質的な課題にいまここで取り組まねばならないことを告げるものとして、入管闘争に関わっていた人びとに受けとめられた。そして国際青年共闘会議、語学共闘など、華青闘の近くにあった者たちは、在日外国人に対する新旧左翼をふくめた「在日日本人」の側の「帝国主義的排外主義」とその差別構造を自己の裡に見いだし、内在的に崩していくことを、華青闘の宣言にこたえる連帯の課題としてかかげるようになった。

一九六九年の入管法案は日本政府・与党が大学立法など他の重要法案を優先したことなどによって通過しなかった。そして入管闘争の方も、大勢は大学立法闘争のなかに飲み込まれ、新左翼諸党派においては何ら総括されることなく消滅していった。だが翌年はどうするのか。そこに向きあうなかで、華青闘はこれまでの入管闘争の総括として、日本の新左翼に対する訣別宣言でもある、いわゆる「七・七告発」を行なった。以下にこの告発の意味をあらためて問い直してみたい。

七・七告発と連帯の再設定

いわゆる七・七告発は、一九七〇年七月七日「七・七蘆溝橋三三周年、日帝のアジア再侵略阻止人民大集会」(同実行委員会主催、日比谷野外音楽堂、四千から八千人参加)において行なわれた。華青闘は一旦消滅した入管闘争を再編成するため、この年に入ってから

1970年「7·7蘆溝橋33周年　日帝のアジア再侵略阻止人民大集会」（日比谷野外音楽堂）（『戦旗』7月10日号より）

七・七集会にむけて準備と呼びかけを進めてきた。ところが会期の迫った六月下旬になって、集会の主導権を握ろうとする中核派が実行委員会の事務局団体の構成について横やりを入れ、「これまで日本階級戦争を切り開いて来た、日本プロレタリアート」の全国全共闘、全国反戦が運営の中心にならなければならないとする要求を突きつけた。当時は七〇年代の中心的闘争課題として、「日帝のアジア再侵略」に対するアジア人民の国際連帯がさかんに呼号されており、中核派は当時新左翼諸党派の最大勢力であった。そのため事務局再編要求は通ったが、華青闘は入管闘争に対する明確な方針のない無責任な介入は受け容れられないとして退席し、実行委員会に参加しないことを通告した。この党派エゴイズムと華青闘の抗議退席を受けて、先に事務局となっていた四団体も事務局を辞任、集会の開催自体があやうくなり、紛糾のなかで現れた華青闘への「差別発言」をめぐり中核派が自己批判を行なうなど、波乱を重ねた。その収拾の結果、華青闘は集会当日「訣別宣言」を述べることを条件に、集会に参加し発言することになった。これが七・七告発がなされるまでの大まかな経緯である。(11)

集会での特別発言として表明された七・七告発は「抑圧民族としての日本の諸君!」との呼びかけで始まり、これまでの入管闘争において「入管法を廃棄にすればプロレタリア国際主義は実現したことになるといった誤った評価が渦まいていた」こと、また全体の政治闘争へむけた突破口として問題の固有性を解消していく「悪しき政治的利用主義の体質」がそのなかであらわになったことを指摘した。そして日本の左翼の「闘う部分といわれた新左翼」においても「日本の侵略戦争を許したものは抑圧民族の排外イデオロギーそのものであった」ことが自覚されず、それに抗する努力もなされないまま、口先だけの連帯を言われても、たわごとにすぎず、もはや信用できない、「抑圧民族としての立場を徹底的に検討してほしい」と要請し、「日本人民を告発する」「このことを宣言して、あるいは訣別宣言としたい」と結んだ。[12]

華青闘の告発を受けて、集会では新左翼各党派が自己批判を行ない、みずからが組み込まれている差別構造における抑圧民族としての課題に、戦前戦後を通じてこれまで無自覚であったことが反省された。そしてこの告発から多様な展開が遂げられていった。告発の正面に立たされた中核派は、「現在もなお在日アジア人民の存在、生活、闘い、すなわち入管体制についてあまりにも無知であり、それでいながら真剣に知る努力すらせず、無視抹殺してくることによって、在日アジア人民抑圧の一翼を担ってきてしまった、いや今現在担い続けていることについてはっきりと自覚」することを出発点として、「アジア人民に対する日本プロレタリアート人民の「血債の思想」をもって入管闘争にとりく」むという決意を立てた。[13]「血債の思想」とは、「アジア侵略のなかでアジア人民が流させられた血の量にたいして、帝国主義国のプロレタリアートとしての主体的立場から、それを自己の問題性としてとらえかえし、自己の血の負債としてとらえて、血の決済をしなければならない」というもので、これ以後の新左翼のアジア連帯、「第三世界主義」の闘争路線を支える思想のひとつとなった。[14] また華青闘の告発が、すべてを階級、あるいは革命勢力と反動派との対立に解消してすむものでなく、両派を横断する自己の足許の暮らしのなかの抑圧や差別の構造にこそ世界があることを突き付けるものであったことから、七・七告発は国際連帯の問題の範疇にとどまらず、被差別部落解放運動や、山谷や釜ヶ崎など寄せ場労働者との連帯、そして女性差別や障害者差別など、差別構造のあらゆる側面における告発と自己批判、運動の再構築を新左翼運動の内部に引き出していった。これらいずれの展開においても、みずからは差別構造の覚醒によって被差別者の側に立つとして、そのことを倫理的優位性に置き換え、他者に糾弾と服従を突き付ける観念的倫理主義の権力行使が蔓延したようである。だがともあれ七・七告発は、排外主義と利用主義に満ちた戦後日本の左翼運動のこれまでの歩みを内在的に問題化させたことで、新左翼運動において画期となる衝撃を与えて受けとめられた[15]。

受容はさまざまであったにしても、華青闘自身にとっての七・七告発は、抑圧民族の側を倫理的に糾弾することに終始したものでは決してなかった。これまでの入管闘争の失敗の責任をすべて他者に帰一させるのでなく、日本の新左翼に対する告発と訣別宣言を行なったうえで、同時にその「悲憤の念をこめて連帯の意を」新たに表明する、再出発が賭けられていた。すなわち「入管体制が、在日中国人、朝鮮人の全生活過程にわたって強いている隷属も、一翼は抑圧民族としての新左翼が担っているのだという点を欠落させ、〃プロレタリア国際主義〃〃国際連帯〃を安易に叫んだ華青闘自身の誤り」が、内部においては自己批判された。利用主義者を告発するだけでなく、利用されるだけの安易さ弱さがあったことを受けとめたうえで、「自分自身による解放をめざさなくてはならない。そこに立脚して初めて日本人との連帯が語られるであろうし、国際主義が発揚されるであろうと信じている[16]」と言明された。

この地点に進むことで彼／彼女らは、読むものをも震えさせる変革と闘争のことばをみずからの内側から紡ぎ出すにいたった。蟷蟻というペンネームの華青闘メンバーがまとめた「華青闘と民族解放闘争　日本人民に問うこと」(『現代の眼』一九七一年二月号)から、そのことば(華青闘の名で出された声明文の引用をふくむ)のいくつかを抜き出し、書き写しておこう。

私たちは、自分の親を見れば、日本帝国主義が何をしてきたのか、おおかた察しがつく。親たちの日本人に対するすさまじき憎悪、苦しい表情、恐怖、卑屈――これらのものが私たちの親である。(一一七頁)

在留許可が降りると、仏壇に向かって感謝のお祈りをする親。金にしかすがることのできない親。親の片言の日本語を嘲笑する日本人の子供。そして、「おい、ラーメン屋」（同前）

一つの家庭が、三つにも四つにも引き裂かれる。父が母を侮蔑し、息子が日本人の目で両親をみる家庭、互いに傷つけ合い人格を壊していく家庭。このような家庭と社会に育った、私達二世、三世の心には、様々の卑屈さ、不安、コンプレックス、ヒステリー症、欺瞞、奴隷根性、ピエロ根性、等々が、巧みにつめ込まれ、自己の人間＝民族としての尊厳を奪い取られてゆく。（一一八頁）

たしかに、入管闘争のなかで、私たちは大きく成長した。自分が何者であるのかまったくわからないでいた人間たちが、ようやく入管闘争のなかで奪われたものに気づきはじめ、それら「奪われたもの」を奪還しようと奮起した。そのなかで、私たちが一貫して追求してきたものは、歴史と感情を私たちと共有してきた在日朝鮮人兄弟との連帯であった。

彼らは私たちにもっとも近い、血を分けた兄弟である。（一二〇頁）

やっと一人歩きをはじめた私たちが語った言葉は、やはり日本人の言葉、新左翼の言葉でしかなかった。私たちは、なんと軽々しくプロレタリア国際主義を叫びだしたことだろう。華々しくみえた私たちの赤い星のヘルメット、勇ましいアジテーション、ポンポンと飛び出した「国際主義・国際連帯」という言葉の空虚な響き。（一一二頁）

私たちが、自分の言葉を取りもどさない限り私たちは「中国人の新左翼」の域を一歩も踏みだせるものではなかった。（同前）

私たちにとって七〇年は、敗北の連続であったと同時に、自分たちの魂のもっとも深層におりていった時期でもあった。私たちは泣きながら同胞兄弟と魂の苦悩を語り明かし、自分は何者であるのか、どこから来てどこへ行くのかという問いを自ら発し続けた。（一一三頁）

「管理」されるべき奴隷としての自己の存在を否定しつづけ、奪われた歴史をとりかえす。在日中国人としての「民族の魂」を奪いかえす。（一一四頁）

私たちは、あくまでも、日本にしがみついてゆかねばならない。私たちが日本で解放を勝ち取らないかぎり、この日本で流された同胞の血は報われることがなくなってしまう。（一一五頁）

それはまさに、私たちが生きるために、死んだ自分が生き返るために、いま闘うので

ある。飲んだくれの父と、さげすまれた母と、気の狂った姉妹と。自殺した弟と、そして私たち自身のために。（同前）

底流

1970年 11月22日 3号 1部30円

被抑圧民族の戦略を構築せよ！ 万国のプロレタリア、被抑圧民族団結せよ！

日本帝国主義による侵略の歴史の抹殺を許さない

巫君に126を

巫君の闘いに連帯する宣言書

華僑青年闘争委員会

一二六獲得にむけて

東京の華青闘の実質的な機関紙であった『底流』3号、1970年11月22日、海燕社発行。この号は東京生まれの台湾系華僑、巫召鴻の問題を大きく取りあげる。126とは、敗戦前から日本に在留する旧植民地出身者は在留資格・期間を定めずに在住することができるとした「法126」のこと。二世三世をこの法126の適用から外し、3年ごとの特別在留許可者に切り替えて永住権を抹消し、監視下に置こうとする措置に対する抵抗の支援を、巫は呼びかけた。華青闘には台湾籍の者が多くいた。左下の写真は「日本軍国主義者の三光作戦（殺し尽せ、焼き尽せ、奪い尽せ）による生々しい侵略の跡」。

みずからの苦しみを直視し、それらを共同の営みとして表現にうつすことから、日本帝国主義の過去と現在にむけた生身の革命闘争のことばが綴りだされた。また別の華青闘メンバーはいう、在日華僑青年にとってこれまで革命とは大陸で勝利した中国革命に仮託して思い描かれてきたものだった。しかしいまや「その祖国の建国により、自分の解放が成就したとはさらさら思うまい。せいぜいこれまた机上の空論の、まさに夢の中の解放された概念であろう」。建国の革命をみずからの解放と勝利へと短絡させて祝うことによっては、在日中国人は決して解放されない。みずからが在日中国人として中国革命から受け取るべきもの、それは「〝抗日〟という反日帝闘争」であって「抗日という作業は入管闘争という名により現在、われわれ自身が引き継がなければならない」と。[17]

（旧）帝国内部において抗日革命を入管闘争として引き継ぐこと、それは民族国家の建設という次元とは異質にひろがる反帝闘争の世界を革命の内実に呼び込む営みへと展開していくであろう。前引の文章には、歴史を共有し「血を分けた兄弟」として、在日朝鮮人との連帯がうたわれている。この血とは民族の血統としてのそれではない。抗日の反帝闘争において流されつづける血がつなぎ合わせる、いわば〝血族〟としてきずなが、「民族の魂」の兄弟として捉えられたのであった。「民族文化の復権とは今まで失っていたものを取り戻す事ではなく、もともとなかったところに新たに作りあげることであり、創造することである」[18]からである。

これまで叫び、叫ばれてきた革命と連帯を、在日被抑圧民族の反帝解放闘争において立て直すこと、その課題は七・七告発以後、大きく二つの方向性をもった運動方針の組み合わせにおいて設定されたようである。[19]第一は、在日定住外国人とその抑圧構造のいまの暮らしのなかにある問題に密着するところから取り組んでいくもので、この基盤の上に立って、従来の空虚さを克服した国際連帯を新たに構築することが、第二の方向として目指された。

まず第一の運動方向についていうと、それは定住する地区のなかの階層構造、そして民族性のなかに内包された階級性の両面を直視し、その実態に分け入った調査、批判的検討、組織化を地道に続ける作業（「地区運動」）と、それを踏まえたうえで、全体の問題構造における典型的な個別的事例に重点的に取り組むことで、地区と階層に内在し、かつ外に広がりうる運動の結集軸を、その具体性によって作り出す作業、この二つが組み合わされていた。このうち前者の地区運動については「地域闘争としての入管闘争」といったかたちで、東京では六九年入管闘争の段階から模索されだしていた。すなわち「単に法案反対闘争として出入国管理法案粉砕闘争を終らせないための方法として、地域の具体的な差別と抑圧を粉砕し、大衆を排外主義イデオロギーから解放するという設定」である。しかし東京では「生活過程へ運動が接近」するという方法設定は、「活動家と先進的な市民のレベルより広まって」いかず、外からの呼びかけという枠を越えた具体的な進展を見せることはできなかったようである。[20]

このような新たな運動形態の模索に取り組むことができたのは、もうひとつの華青闘の拠点であった関西、大阪における運動であった。七一年七月、大阪西成の在日朝鮮人が半数以上在籍する民間の保育園で保母として働いていたある在日中国人女性が、同和対策事業とも関わって保育園が大阪市に移管され、行政の運営へと一面で改善される変化のなかで、公務員の国籍条項によって外国人として失職するという問題が起こった。彼女は他地区に新設される民間保育所に移るという選択を自発的に取ることを求められていたが、在日朝鮮人の保護者、園児たちとの交流のなかで、ともに民族差別に負けない生き方を選ぶとして、いまの職場にとどまることを希望し、解雇された。それから一年間、この問題をめぐる大阪市の職員採用要綱の撤廃要求の運動が、入管闘争の「敗北」を乗り越える結集軸となって大きく展開され、地区の内部から関西の各大学の差別問題に関わる多様な研究会などへ支援の輪が広がった。その結果、彼女は在日中国人として、以前には職場で禁じられた本名、徐翠珍の名乗りを取りもどして、もとの保育園に復職をはたした。(21)

ここにおいては政治闘争に解消されない、在日外国人の生活権、労働権が具体的なかたちで問われることになり、この面で入管闘争の遺産は、現在もつづく国籍条項撤廃運動の底流を形づくってきたといえる。そしてこの国籍条項撤廃運動という地域の暮らしにのしかかる国家／旧帝国の排外主義との闘いの場を創り出すことによって、在日中国人と在日朝鮮人、そして日本人のあいだの反帝闘争の連帯が、一歩ずつでも、だが具体的に築かれていった。

ここにはすでに反帝解放闘争としての国際連帯の再構築という課題が実践にうつされているといえるが、第二の方向性をなす、より主題的な国際連帯の模索は、すぐには具体的な形をとるにはいたらなかった。だが華青闘の解散後、旧メンバーたちのなかから、中国人強制連行の実態や、国民党軍、八路軍、農民などが一致して蜂起した花岡事件の抗日戦線についての調査、掘り起こしに取り組む運動が現れ、現在も国際的な広がりのもとに続けられていること(22)などから、その模索のあり方をうかがい知ることはできるだろう。侵略と植民地支配、戦時期の強制連行の生き証人としての親があり、「父母が背負った血みどろの歴史の遺産が現在のわれわれ」そのものだという歴史意識は、七・七告発以前から在日華僑青年運動の出発点となってきた。その歴史と責任の問題を、「被抑圧民族全体の巨大な矛盾としての親との断絶」、民族の断絶のなかにある二世、三世たちが、みずからの歴史と責任の問題として追及していくことによって、断絶それ自体を国際連帯活動の必然性へと反転させていく正面突破のこころみが、そこで継続して展開されているといえるだろう。(23)

だが華青闘の運動が残した真に貴重な遺産は、誤解を恐れずいえば、こうした一歩ずつの地道な取り組みの総和において見積もられる量的な成果において見定められるべきではないだろう。そうではなくて、入管闘争の開始以来、権力のたび重なる弾圧と社会の排外主義の暴力、そしてみずからの内と外にどこまでもつきまとう利用主義と断絶、「敗北」の傷痕、これらのものに取り囲まれながら、それでもなお困難な連帯と解放を切り開く具体的な糸口をそこにさぐりつづける運動の体質が、なんらかの運動体の内部に閉じこもることによってではなく、それぞれが生活の裡に抱える問題の具体性とその広がりに即して拡散しながら、なお共通の目標にむけてつながり合う底流のごとく生きられてきたこと、そうした身体的な経験それ自体にあるのではないかと思う。これら一連の過程において、ディアスポラ（離散）としての存在性が反帝闘争―社会運動において主体化されてきた、そのことこそが、観念論と国境観念に閉じた革命・連帯論議の内部における抑圧・支配の再生産構造を解体打破するという、みずからの原点にむけて華青闘が残した闘争経験の遺産ではないか、ということである。

いま華青闘の経験は、旧メンバーやそれに直接間接に関わった者たちに深い問いかけを残しながら、ほとんど語られることがない。それはそこで見いだされた問題の大きさ、重さを反映しているのかもしれない。いうまでもなく、重要な課題の発見は、解答が提示されなければ無意味だということではない。だが問題の発見にいたるまでとそれ以後の探求の経験が語られることなく、忘却、廃棄されることが、もし結果的にあったとしたら、むしろそれによって初めて発見は無意味となってしまうかもしれない。いま華青闘の経験を、本書が一見、場違いにみえる脈絡において呼び起こすことを躊躇しないことの理由のひとつはここにある。それはもちろん、その未完の問いかけが国境を越えて展開する現在の排外主義をめぐる問題情況に、時をこえてさし込んでくる、拡散してくるからにほかならない。

2　在日台独派の悲劇

華青闘と台独派の交差と非交差

いま述べてきた華青闘と入管闘争の経験は、本書が主題とする在日台湾独立運動の歴史的位置の検討と、どのように交差させることができるだろうか。

一九六九年の入管法案の国会上程は、在日台湾独立運動にとっても、まさに死活に関わる問題であった。すでに現行入管令下で幾人もの独立運動家が生命の危機にさらされてきたばかりでなく、入管法案で新設される在日外国人の「資格外活動」の通報義務によって、日本での政治運動の継続自体が封じられる危機に直面していた。そのため台独聯盟は法案提出前から「独自の立場から、「入管法反対」の為にたたかう」と宣言する一方、新左翼方面からの入管法案粉砕闘争の開始に、この上ない大きな期待を当初寄せていた。

六九年五月二日、国際青年共闘会議など入管法案粉砕実行委員会主催の抗議デモが品川の東京入管で行なわれた。百人程度の小さなデモだったが、これまでにない集団的国際連帯の抗議行動を受けて、入管事務所の側は狼狽しながら代表団との会談に応じた。そこでは呂伝信、陳玉璽、柳文卿などの事件を具体的に挙げて抗議が行なわれ、台独聯盟の側も快哉を叫ばんばかりにこれを歓迎した。「今回は最初のデモであり参加者も少なかったが、回を重ねるに従って増加しよう。在日外国人と良識ある日本人が連帯して戦うなら、入管法案を廃棄にすることも期待できよう。」この実践的連帯の始まりは「いくら評価しすぎても評価しすぎることはない」と。(24)

実際、新左翼の入管闘争はこの後、六月一日の全国統一闘争以降、大きな政治運動となっていった。それは先に述べたように、李智成の自死の衝撃、機動隊の襲撃を受けながら続けられた華青闘のハンスト座り込みなどに、つねに下支えされていた。だが台独聯盟の側は、きわめて身近なところ（台湾系の在日華僑からの募金は台独聯盟にとって数少ない資金源のひとつだった）で起こっていたこの入管闘争の展開について、またその困難さと犠牲について、これ以後何も言及しなくなった。その事情は察するにかたくない。

ちょうどこの時期から台独聯盟は、親中的な日本の左派陣営が対中国贖罪論に付随して台湾問題の処理を論じ、また台独反対論をさかんに唱えるようになった事態に、まっこうから反論を開始し、それとの対決姿勢を鮮明にしていった。第一章の2で見た、対中事大主義の「インチキ左翼」に対する周英明の訣別声明は六九年七月に発せられたものであった。[25]それゆえに、新左翼のカンパニアの一環として大勢が推移した入管闘争にエールを送り、それを「良識ある日本人」の実践として連帯するという、かつてのことばを重ねることはできなくなったのだろう。

だがこれは悲しむべき事態の始まりでもあった。日本の「インチキ左翼」に対する訣別は、台独派が発したのと同じ時、すぐそこで、その国際連帯のかけ声の空虚さに苦みながらも実践による克服を挑んでいた者たちによって絞り出されてもいた。そして華青闘の苦しみに満ちた告発は、そのそばにいて日中連帯・友好の真の困難さに直面しつづけていた者たちによって受け取られ、そこから台湾問題をめぐる態度のあり方に再考を迫り、「中国ブーム」の空虚さを批判する動きも生み出されていた。

いくつか例を挙げよう。東大法共闘編『告発・入管体制』は、かつて顔尹謨の同窓生として彼の救援運動に関わった者たちが、それ以後林景明の告発、劉彩品支援運動の経験、華青闘告発の衝撃をへて、七一年一月に公刊したものであるが、そこでは次のように述べられている（八・一五一頁）。「現在に至るまでわれわれ日本人がアジアの人民に対する抑圧民族としてしか存在してこなかったということを深く自覚するとき」、また現在「わが国家権力が再び対アジア侵略の意図を露骨にし、アジア人民への抑圧を一層強化しつつあるとき」、「われわれは、日本政府の度重なる抑圧に加担してはならないと同時に、現実に抑圧民族として存在する日本人が、被抑圧民族を抑圧する体制から自己解放を遂げるまでは、被抑圧民族による自己解放の方法（台湾独立か、台湾革命か、中国への同化か、といった思想的運動的違い）を理由とした支援と黙殺との振り分けをする資格は全くないのだ、ということをはっきり心にとめておかなければならないであろう」。くどいほどくり返される「抑圧民族」としての生硬な自己規定は、上記の台湾出身者と在日華僑運動からの告発に、そのまま応答しようとする姿勢を映し出したものであろう。本書の第一章で提起した戦後左翼の宿痾の構造は、僅かずつながら、自覚的に乗り越えられようと取り組まれはじめていた。

同じく七〇年から七一年にかけての論稿で、本章で先にも言及した津村喬は、より直截にいう。「林景明氏のように、「革命的ではない」在日中国人の困難にたいしては無関心であってよいのだろうか。」「また「革命的でない」在日外国人は殴ってもよいのであろうか。」そして「〈解放〉といった諸々の名目をかかげて中国とアジアを恣に侵略・強奪してきた日本近代の歴史」のはてに、今後どんな「革命派」がどんな「中国人暴行の歴史をつけ加えることであろうか」を問うている。[26]

津村はまた、自身の毛沢東主義思想に依拠しつつ、「朝日が主導権をとってつくられてきた新しい〈中国ブーム〉は、日本軍国主義とアジアの激烈な矛盾をおおいかくす、新たなる〈共栄〉キャンペインではないのか」と問い、ブームの背後にあるのは財界の中国市場への渇望であって、「われわれは一見進歩的な、〈公正〉な言論から、日々自覚せざる帝国主義的感性をうけとっている」として、戦前から変わらない日本のジャーナリズムの天皇制的無責任体制のもとで、「かつて大東亜共栄圏をささえていた大衆心理の構造」が再生産される事態を、戦後左翼・戦後民主主義の本質的限界として厳しく批判した。そしてこの批判は、「世界の情勢」にしたがって「一つの中国」だからいまや台湾を相手にせず、ということの「愚劣」さ、そして「いつの時代でも抜けおちているのは、そこに住みつづける住民の論理」だという指摘にもつながっていった[27]。

在日台独派は、みずからがかぎりない憎悪を向けた「インチキ左翼」と朝日新聞の中国報道に対する的確な批判が、自己の在日としての存在にも関わる入管法案をめぐる苦闘のなかから現れてきていたことを、どう受け止めたであろうか。

それは彼/彼女らが評論家や思想家、学者としてある以上に、独立運動の革命家であるはずだということを考えれば、さしあたり大きな問題にはならないかもしれない。思想家であるならば全方位的応答も必要とされるであろうが、革命の目標を推し進めるうえでは、明らかに敵対する政治的立場を選択している方面で展開されている議論に対して、つねに応答しなければならないという要請は認められないだろうからである。台独派があれは所詮統一派の議論だと決めつけて無視したとしても、もう一方もまた台独派の思想的誤謬を一方的に決めつける偏見をまだ大部分で克服していなかったのだから、この情況において相互理解を求めるのには無理がある。一部の者の、一時の発言をもって全体の構造的矛盾、戦後左翼の宿痾が克服されたなどと飛躍することは許されない。だが在日台独派をめぐる悲劇は、ここに始まろうとしていた。

その悲劇とは、みずからの怒りを憎悪と悪意、際限のない復讐の連鎖に封じてしまうのでなく、怒りに発して新たな関係性の構築へと向かわせることのできる具体的な政治空間をみずから創り出し、その内実の継起的更新・検証の運動において怒りの力を解き放ち、暴力を新たな関係性の起点に移しかえていくことができなかったことに根ざしている。[28]

それをまず直接的に入管法案に関連して見るならば、新左翼の入管闘争が一旦盛り上がって消滅した後、一九七〇年にふたたび国会に提出されようとしていた事態に対して、台独聯盟が次のような見通しと期待を述べていることから、端的に捉えることができる。す

なわち、法案に対してはすべての在日外国人と全野党が反対している、

しかし三百議席の自民党が強行するなら通すことができよう。だが、憲法違反の疑いがあり、その精神には明らかにもとるこのような法案は、自民党内の良識ある人びとの反対によって、国会への提出以前に阻止されることを期待したい。それが国際社会において、日本への信頼を高める道でもあると思う。[29]

かつて小躍りするように称賛された「在日外国人と良識ある日本人が連帯して戦う」展望から「自民党内の良識」にすがる地点への後退、この期待の空虚さ、みじめさは誰よりもこれを書き記した台独聯盟自身が痛切に感じていたはずだ。だがこの空虚さのなかにみずからの政治を見定めたこと、そこにこそ、日本の保守主義者たちをおだてあげて彼/彼女らの無知と利用主義を逆に利用しつくしてみせることで台湾独立の表面的支持者たちを数量的にだけでも増やしてみせようとする、現在の政治宣伝戦略の原点が刻まれた。悲劇はここに胚胎し、ながい孤立と逆境のなかでひそかにその覚悟が準備され、九〇年代後半に大きく幕開けを迎えるにいたった。

しかし結論を先走ることで断罪の権力を手の内にしても、何の意味もない。こうした問題は一般論に寄りかかり、あるいは折々の時局に促された発言を断片的に捉えていうのではなく、彼/彼女らにとっての具体性において、そこに深く分け入るこころみのなかで、その結論とは異なる可能性を内側からえぐり出す営みをともなって、はじめて意味をもって叙述できるようになることがらだろう。そこに踏み進むために、もうひとつ、在日台独派の歴史と現在を照らしだす別の経験を参照してみたい。

七〇年代台湾の社会参加の経験

華青闘、あるいは全共闘運動後の日本の学生運動が取り組んだような地域の暮らしのなかに分け入って解放と連帯のあり方を問い直すこころみは、実は前後して台湾でも幅広く取り組まれていた。社会服務団の運動がそれである。

そこにいたるプロセスは、沖縄施政権返還に併せて尖閣列島・釣魚台列島も日本の領土の内に含めて処理する日米両政府の方針が明らかになったことに対する抗議運動、釣魚台保衛運動から始まった。一九七〇年末、アメリカの華僑青年から始まったこの運動は翌年春から台湾にも波及し、戒厳令下の戦後台湾で初めてとなる大規模なデモが学生たちによってくり返された。釣魚台問題は学生たちのあいだに大国の帝国主義的独断に対する民族主義的覚醒をもたらし、それは直接的には反帝愛国と近代中国民族主義の主張と行動となって現れた。だが同時にこの運動は、その方向性のみにとどまらず、国事に対する自発的な関心の高まりと、現実の政治・社会問題に対して発言し行動する勇気と自信を、学生たちにもたらしたことで画期的な意義を残した。さらに七一年後半のニクソン訪中発表、国連代表権交代、七二年の米中および日中首脳会談など、重大な外交危機が連続するなかで、学生や大学教員を中心とする知識人たちは雑誌や座談会につどい、積極的に事態に反応することで言論空間を切り開いていった。その中心的な舞台となったのは『大学雑誌』で、そこでは外交的危機に対処するためには国力を充実して自強をはかるしかなく、そのためには内政の徹底的な刷新が必要であるとする主張が、具体的政策提言として提起されていった(30)。

このような展開が可能だったのは、政権存続の基盤を外から揺さぶられていた政府にとって、学生や知識人の国家的危機への自発的な関与は、事態が内政の危機に転化するのを防ぐ意味で許容されたからである。だがそれと同時に、国民党の旧世代を排除して権力掌握にすすもうとしていた蔣経国が、世代交代と新体制への移行に役立つものとして、新世代知識人の内政刷新の主張を一定の限度内で歓迎し、開明的装いの党国体制の再編に利用したからでもあった。内政改革を唱えた知識人たちの一部は、七二年六月に行政院長（首相に相当）に就任した蒋経国の新体制に登用され、体制内改良派のテクノクラートに組み入れられた。

この段階にいたるより先、すでに七一年末から政治改革要求に歯止めがかかりはじめた。そして政府批判の程度や言論開放・自由化の是非をめぐって改革派知識人の内部に分裂を生じた。だが一旦開かれた社会問題への関与は、ただに体制の改良路線の範囲内に納まるものとはなりえなかった。この点で、体制の許容範囲をなぞるだけで終わらない社会参加の実践をもたらした経験として、社会服務団運動は大きな意味を残した。

この運動は釣魚台保衛運動を主導した台湾大学、政治大学、師範大学の学生たちが、国事を論ずるにとどまらず、「社会を清め、人民を抱擁する」先鋒隊たるべく「閉ざされた自己の世界から勇敢に進み出なければならない」と呼びかけたことに対する実践として、まず七二年一月、台湾大学の「学生代表聯合会」（代聯会）が「社会服務団」を結成し、休暇期間を利用した社会調査活動を開始したことから始まった。調査団は農村問題、都市貧民問題、労働問題、警察—民衆関係問題、地方選挙問題の五項目を立てて社会の基層調査

1971年、台北の日米の大使館へむけて行進する釣魚台保衛運動のデモ。戒厳令以来初めての大規模デモ行進で、無数の青天白日旗（中華民国旗）と愛国民族主義的なスローガン、また「政府を擁護する」などのプラカードが掲げられている。洪三雄『烽火杜鵑城』自立晩報出版、1993年より。

に乗り出し、目前に切迫した社会問題を具体的に掘り起こしていった[31]。

この活動は各大学で続々と結成された類似の団体による調査と社会奉仕の運動に拡大し、それまで学窓に閉じこもっていた青年たちは「まさしく山に海にとびまわった[32]」。そこでは五〇年代白色テロル以来の政治社会の沈黙と六〇年代の経済成長の陰で進行していた農村の疲弊、鉱工業災害の頻発、労働者の健康をおかしている原因不明の職業病、公害の発生、組合結成を認められない労働者の権利保護問題など、矛盾と抑圧、著しい不均等発展が見いだされた。調査活動は一方で目に見える成果として、報告書の作成と政府に対する具体的改善策の提案となったが、他方では、民衆の凄惨かつ不平等な生活実態に直接触れ、正義を求める声に出会うなかから、社会改革に実践的に取り組んでいく決意を青年たちに遺したといえる。

　釣魚台保衛運動での反帝民族主義にもとづく大規模な抗議と討論の開始から、政治・社会問題の現実に踏み込んだ内政改革提言の言論活動、それを実践に近づけようとした社会服務団運動という、七〇年代初頭に続いた政治と社会への参入経験は、やがて七〇年代後半から顕著に現れた反体制運動の出発点となった。そのことは七〇年代後半の政治運動・言論活動でつよい影響力をもった『台湾政論』『夏潮』『這一代』『八十年代』などの雑誌において、かつて七〇年代初頭の運動で活躍した人間たちが重要な役割をはたし、また『大学雑誌』の中心人物であった張俊宏、許信良などが後の党外政治運動(「党外」とは国民党外の意味)の指導者となったことなど、両者のあいだの人的連続性からたどることもできる。なお政府がとってきた外国資本の優遇措置のもとで従属的な発展の矛盾が労働者農民の生活にのしかかっていることは明らかだったが、そこから一方で反帝民族主義と労働運動につながる左翼的な潮流、他方では台湾独立の展望を視野に入れた民主化要求政治運動、党外人士助選団の結成から後の民進党につながる潮流が生み出されていった。そしてこの二つの反体制運動の発展が、七〇年代後半から現在にいたる台湾民主化の社会運動と政治運動を支えるものとなった。

在日台独派の悲劇

この民主化運動の潮流のなかで党外穏健派の雑誌『八十年代』総編集、『亜洲人』発行人などとして発禁処分にあいながら活躍してきた自由主義者のジャーナリスト、司馬文武（江春男）は、陳銘城の『海外台独運動四十年』（自立晩報、一九九二年）に序文を寄せて、日米を主とする海外の台独派の大きな特徴をいくつか指摘している。「そのうち最大の特徴は、台独運動のメンバー構成がオール知識人、ほとんどが海外留学に出た者たちで、激昂して革命を論じる言論が多いが、実際の行動は少ないことである。」国内の政治家のように何らかのかたちで日常的な政治資金を調達することはできないため、平日は仕事に忙しく「週末革命家」となり、「専業台独」はきわめて少ない。そして「比較的年齢の高い台独派は、台湾で学校を出てすぐに留学で出国し、台湾の政治の現状に対して了解する機会をあまりもてず、また社会経験もない。人間関係の処理もあまりわきまえていない」とする。

この時期、民主化の進展に乗って九〇年代初めに帰来し、島内政局に急進的独立派として参入する者たちが「洋独」と一括されたことは前にも触れたが、司馬のような穏健派にとって洋独の急進性は、そこにいたるまでの台湾「本土化」の歩みと実情に根付いていない浮薄と映ったのだろう。司馬の批評はその党派的対抗関係を背景にした印象論といえるだろうが、たしかに急所を衝く部分がある。

二〇歳代から人生の大半をついやして『台湾青年』で理論武装と革命戦線の前衛を切り開き、「口を封じられた島内の同胞」のためだけに闘いつづけてきたと自負する者たちにとって、学者知識人たちの「週末革命家」としての悲憤慷慨にすぎないと批判されるなどとは、誰も思いもよらなかったであろう。社会改革に参加できなかったこと、それは国民党政権が銃殺刑のための銃口を彼／彼女らに向けつづけたからにほかならない。社会服務団に参加した世代のように、社会の苦しみのなかに分け入って実態を知り、民衆と手を取り合って改革の実践に取り組み、幸運な場合には社会の支援に支えられて独立実現のためだけに働くこと、それは革命家としての理想的なあり方だろうが、一度きりの人生でブラックリストから名前を消してやり直すことはできなかった。その強いられた待機の時間を取り返すために、いまも在日台独派は独立運動に貢献するための情熱をいささかも失わないのだろう。

だがその政治活動が、朝日新聞に産経グループや小林よしのりのメディアを対抗させ、中国からの軍事威嚇には「日台同盟」論の台湾利用主義、中共粉砕軍事シミュレーションを対置させるといった空中戦しか生み出さず、植民地主義者の野望と傲慢に付け入った政治宣伝工作で著書の販売部数の数だけを競いあう政治に帰着していくというのは、どうしてなのか。それが本来の社会改革と解放の目的からまったく遊離した華々しさでしかないことは覆うべくもない。第二章の末尾で見たように、在日台独派は九〇年代半ばにむかう頃から海外の机上の革命論であることの限界をみずから克服しなければならない段階を迎えていた。この一大転機、あるいは存在の危機に直面するなかで選ばれたのは、出発点に立ち戻って内在的な課題に地道に取り組んでいく仕切りなおしの方向ではなく、即効性のある政治宣伝工作で何か具体的な成果をあげ、在日の台独運動家としての存在理由・存在感を台日双方の社会に示すことによって、奪われた時間を取り戻す手応えをつかみ取る道だったということだろう。急ピッチですすむ台湾の政治変動に直接参入する余地が開かれていなかったとしても、その曲折の過程をただ傍観するだけではいられない。この変革期を今度こそ確実に独立実現の方向へとむかわせるべく、在日の位置にあってそれを武器に変え、変動に介入することのできる強力な戦術手段が必要だった。そこにおいて在日台独派が自分たちを台湾の政治変動のなかに介在させ、結びつけるために使ったもの、それは長い苦難のなかで培ってきた解放闘争の精華ではなく、みずからが憎んできた日本の植民地主義者たちとの結託、相互的利用主義だったということである。

だがその華々しい空中戦を続けるかぎりにおいては、司馬が海外台独派の革命論の弱点として指摘した、社会改革の具体的な実践経験の積み重ねの弱さを克服できるような政治空間の創造は、どこにも可能性を見いだせない。それればかりか、むしろそこにおいて自己の社会改革の理想は現実の検証を経ないまま棚上げされることで硬化・空洞化し、その内実が破壊されていくことにしか展望が見いだせないのではないか。

その展望の概容を、ここで一旦機械的に整理・抽象化して見ておこう。すなわち変動期の台湾社会に参入するため、在日台独派がそこに日本の植民地主義を結びつけたことによって、第一に台湾をめぐる植民地主義はその再生と再生産の空間を獲得する、第二にそこに生じる内的外的な軋轢と葛藤において、その手段の採用を正当化するために独立建国の目標だけが、内実をともなわないまま原理主義的に独り歩きをはじめる、そして第三にそこにおいて植民地主義を解放運動の側にも内面化させる排外的愛国主義の連鎖の機制が、棚上げされた社会改革の理想をいとも容易に食いつぶしていく。

いま在日台独派は、その四〇年の闘いのなかでもっとも華々しく脚光を浴びている。しかも台湾の政権の一翼を担う位置についた。長い孤立した闘いの時代と、それは著しい対照をなす。だがつかみ取った政権はきわめて不安定であり、国民党の分裂に助けられて当選をはたした陳水扁政権に二期目があるかどうか、それは次の総統選までのあいだの各党派のせめぎ合いにかかっている。少数与党のもとに次々と訪れる政治危機と政争の波に追われつつ、政権の存続、自派の勢力拡大のために奔走する守勢の位置に、はじめて独立派は立たされた。同時にこの政権与党の位置に立つことで、台独派はこれまでの解放の主張の真価を問われ、ためされることになった。これは上記した存在の内的危機の継続に覆いかぶさるかたちで在日台独派に訪れた試練であった。

本書がこれまで論じてきた金美齢、黄文雄、そして『台湾青年』とその編集長の宗像隆幸、あるいはまた台独聯盟の外部でそれと連合した対日宣伝戦略を繰り広げ、方向付けを与えている李登輝、蔡焜燦といった人びとの、この試練に対する答えのあり方は、いかなるものであるか。もはや説明の必要はないだろうから結論だけをいおう。小林よしのりと「新しい歴史教科書をつくる会」を対日宣伝工作のメディアとして活用する対外工作にみずから乗り出し、そこからさらに、この植民地主義の再生産の暴力に対する非難と抗議が台湾社会の内部からわき上がった事態に対しては、台湾の歴史と政治の複雑さ困難さをすべて省籍矛盾の意図的な焚き付けに解消し、福建系台湾人の多数をたのんだ排外主義イデオロギーの闘争のもとに、台湾の民主化運動が切り開いた多元的な政治空間を焼きはらうこと。

この悲惨はいったいどこからやってきたのか。

在日台湾独立派のこれまでの歩みと現在の姿を規定し、他の台湾島内や在米の台独派との違いを際立たせてもいる特徴は、ほかならぬ「在日」という点に発している。それは日本語世代の親日的台独派についても言えることで、その固有性はそれが「対日」だということに大きく由来する。彼／彼女らが面してきた「日本」、その台湾に対する認識と姿勢、実際の行動のあり方が大きく影響してきたということである。

権力の弾圧によって台湾社会から切り離され、またそこでの社会改革の着実具体的な実践の機会からも切り離されるなかで、在日台独派は台湾にとっての旧帝国、日本の社会に身を置いた。他国への海外渡航も無国籍やパスポートの不所持によって思うようにならず、それどころか日本にいつづけるかぎり毎月から三年ごとに「入管詣り」をして強制送還を「恩恵」として免除され特別在留を許与されつづけなければならない、そうした生活を送るなかで、彼／彼女らが身をもって知ることができた社会、それは在日外国人にとっての日本社会であった。それは在日台独派が身を焼くようにして知り抜いた社会問題と矛盾でもあった。それがどんなに暴力的で差別と偏見に満ちたものであったか、くり返す必要もあるまい。だからこそ、それに闘わなければ、すべては不運と不幸を嘆き、憎しみを増殖するだけの牢獄にみずからを追いやることで終わってしまう。もちろん彼／彼女らは真剣に闘った。だからその闘いが何を生みだし、どこにいたったかをかえりみる必要が、その歴史からの呼び声となって、こだましてくるかのように現れてくるのである。

3　日台植民地主義の連鎖

台独聯盟メンバーが在日外国人の政治運動家として、日本社会の抑圧支配にもっとも厳しく直面し、闘ったのは、一連の強制送還事件が起こった六〇年代後半のことである。一九六七年、入管に出頭して突如拘留され、強制送還に付されようとして抗議のハンストを行ない、救援運動と法廷闘争の結果かろうじて送還をまぬかれた台独聯盟のメンバーがいる（「張・林事件」）。彼は温厚な人柄で地道な事務作業を引き受けて運動を支えた人物だったが、強制送還のため横浜収容所に護送されるとき、警護官を突き飛ばして叫んだという。

「台湾が独立したとき、僕はきっと今台湾にいる日本人を全部追い出してみせる！」。その半年後、柳文卿を強制送還から守ろうと、羽田空港に待機する中華航空機の前で護送官と乱闘し、逮捕されたメンバーのひとりは、柳が血まみれになったまま機内にかつぎ込まれ送還された後の取調で「俺は日本政府を死ぬまで憎む！」と叫んだ。(33) 柳の奪取に走った者たちは死を覚悟して家族に別れを告げ、空港に入管に向かった。彼もまたいつ突然、あるいはいま、犯罪者として強制送還されるかもしれなかった。そこでの叫びである。

柳文卿事件は台独聯盟から退去令取消提訴の連絡を受けた裁判所が特例で早朝に出した強制送還の執行停止勧告を入管側が故意に無視し、即時送還を成功させるために朝一番九時半の飛行機で送還を強行したものであり、それは行政府による司法制度、三権分立の蹂躙を意味していた。そのせいもあって、残された柳の妻子（日本人）二人が原告となって起こされた国に対する損害賠償請求訴訟は、六九年一一月、原告の全面勝訴となり、東京地裁は二人に対して百万円ずつ支払わせる判決を下した。判決は政治犯罪人不引渡の原則を「確立された国際慣習法」として採用する判例を作った点でも大きな意義をもった。だが柳自身は台湾で特務監視下の軟禁状態に置かれて意思表示の自由を一切奪われており、代理人を立てた柳自身の賠償請求訴訟は、国府が強制的に書かせた提訴不承認の声明書を入管が裁判所に提出し、弁護士の訴訟代理権に異議を申し立てたことから、取り下げとなった。柳の声明書の信憑性を追及することは、国際世論の反応を恐れて軟禁状態にとどめ置かれている柳の身を今度こそ死に追い込む危険があったため、極秘に柳の反駁書を入手しながらも、それは証拠提出できなかった(34)。日本政府は国府の人権抑圧への加担に徹することで、柳に対する謝罪・賠償の責任を退けることに成功し、いまにいたっている。

日本国、日本政府が行なった柳自身、そして引き裂かれた家族に対する人権侵害、および実質的に殺人未遂の共同正犯の内実をもつ罪の責任は、時効なく徹底して追及しなければならない。これは不明のままの陳玉璽事件の真相についても言え、それを許した社会の人間としての責任でもある。だがその責任追及、補償要求とともに再発防止を支えるのは誰なのか。国家の暴力から人権を守るのは、新たな国家の主権だろうか。それはあったとしても事後的な責任追及か報復にとどまり、再発防止の力とはなりえないだろう。日本国内で救援運動を続けていた「台湾の政治犯を救う会」は、民主化による台湾の全政治犯の釈放をへて一九九四年に解散したとき、「今後も引き続き一人一人が関心を持ち続け、それぞれの場で行動を続けていかなければならないこと」を確認して解散宣言を行なった。なぜなら「人権は民衆の国際的連帯によって守られていかざるをえない」ものだからである。[35]

独立台湾が国際社会での地位を確立し、強力な政府が樹立されれば、もう台独運動家や台湾人が、その存在規定を理由に外国で軽視され迫害を受けるようなことはなくなるだろう。だが台湾独立はそれだけのものだったのか。それは普遍的な人間解放のための闘いであり、それゆえに台湾社会内部においても国際社会においても、少数者やあらゆる反対者の人権を、出自や政治的立場を超えて擁護するものではなかったか。

それは紙の上の理念としてだけ、台独聯盟の歩みのうちに刻まれてきたものではない。六〇年代末の未遂もふくめた強制送還事件の続発は、保守や革新の政治的立場にとらわれない救援運動を、法学などの研究者や作家、市民、政治家のあいだに呼び起こした。そして個別の事件に対する救援／支援組織の結成から、一方では「在日台湾人の人権を守る会」や上記の「台湾の政治犯を救う会」、また小規模ながら持続的精力的に台湾人の人権擁護（元日本兵の補償問題をふくむ）に取り組む救援組織の活動が生みだされた。そして他方では、台湾の問題だけにとどまることなく、国際的な政治犯の特赦・人権保護団体、アムネスティ・インターナショナルの日本支部を設立するという成果も生みだした。アムネスティ日本支部は、陳玉璽事件をめぐって台独聯盟をふくむ党派を超えた救援運動が日米でひろがったことを基礎に、日米の台独聯盟の連携のもと、これまで強制送還事件の救援に関わった者などを集めて一九七〇年四月に設立された。社会党の代議士を前年に引退した猪俣浩三が理事長となり、理事には台独聯盟からはもちろん、朝鮮統一団体の幹部なども参加していた。[36]

これらの組織の救援／支援活動は七〇年代の孤立した時代の政治犯弾圧をめぐって、また八〇年代に大規模な民主化運動が切り開かれるなかでも続けられた。そこでは独立派の政治犯から大陸派と目された政治犯まで、その政治的立場によって資格審査をするような政治主義を否定した救援、死刑執行阻止の活動が、日本国内のいわゆる台湾派と中国派のあいだの反目を表面に押し出させない慎重な配慮のもと、決して表舞台に立つことなく、両派をつなぎ合わせるかたちで、地道に行なわれてもいた。[37]これまで政治の党派性から自立した政治犯の人権保護組織が日本社会になかったことにも照らして、台独聯盟はこうした活動を呼び起こし、自身もまた取り組んだ点において、貴重な遺産を戦後日本の歴史にのこしたといえる。だがその貴重な遺産とは、相互的なものとしてあるはずだ。

救援の運動と、みずからの政治運動の理念と実践のあり方は、触発されることがあっても必ずしもイコールとはならない。救援運動の精神はそこに参加する者の政治的立場が統一されることを前提としないからでもある。だが政治的イデオロギーを越えた人権擁護の運動経験から何を受け取ったかは、それぞれの政治の理念と実践のあり方を照らしだすものとして、このうえなく貴重な意味をもってはねかえってくるものだったはずだ。

たしかに日本の台独聯盟はこうした救援運動の経験のなかで触発され、変わっていった。当初は救援対象を台独派だけに限り、統一派には取り組まない考えであったが、柳文卿事件から陳玉璽事件の前例を知り、さらにアムネスティの運営などに携わるなかで、そうした考えは台湾のすべての政治犯に対する救援運動の取り組みへと変えられていった。[38] そこには国共両政府の二つの敵のうちの一つを少なくとも共有しており、当面は同じ国府の弾圧の犠牲者であるという連帯感があっただろう。だがいますでに国府批判を理由にした政治犯はいない、国民党は下野した。日本の台独聯盟には何が残されただろうか。

最近刊の小林よしのりとの対談本『入国拒否』(二一九頁)で金美齢は、九〇年代末に国籍条項の撤廃に反対する日本人の集

小林よしのり・金美齢『入国拒否』幻冬舎、2001年7月刊。

会に招かれ、その席でこう発言したと紹介している。「私は外国人だから外国人に有利になるシステムに反対する必要はない」。だが、続けていう。

ただ私の国籍は台湾で、台湾国民であるから、かりに日本と台湾の間で紛争が発生するような事態になれば、私は台湾人、台湾国民として行動せざるを得ない。したがって日本の公務員になることも、統治に関わる参政権を求める気もない。

よしりん〔＝小林よしのりの愛称――引用者注〕の言うように、公務員や政治家になるということは、その地域、国家に忠誠を誓うことと同義なのだから、他国の国籍を有したまま日本の公務員や政治家になるということ自体が論理的におかしいんですね。

この当たり前のことが日本人にはわからない。

とくに台湾と日本のあいだで紛争が起きる事態を想起するのは、それだけ日本政府と日本国に対する怨みと憎しみが強固なことの現れかもしれない。だが外国人、とくに定住外国人の人権擁護をめぐる問題で、すぐに戦時を想定して硬直した国家主義で人の暮らしと社会のあり方のすべてを塗り込めようとするのは、結局、戦争の結果「外国」で暮らすことを余儀なくされている旧植民地人などの歴史的存在をまるで目にとめずにきたことの現れではないか。とくに金美齢などの幹部についていえば、政情が一旦変わればすぐにでも生活の拠点を国境をまたいで移すこともできる資産と労働条件をもっていること、それが一般の在日華僑ともかけ離れた存在であることを決定付けている。もし在日台独派の主張の階級性を批判するというなら、その出身などではなく、この特権的な視点をこそ問題にするべきだろう。だが単に所得や職業的階層にもとづいて、それが決定的原因となって台独派と在日華僑のあいだに隔絶が生まれているのではない。台独派を浮き上がらせている特権的な視点というものは、国家の権力に対する思想的な距離感のなさによって成り立っている。この国家思想の意味と役割を抜きにして在日台独派の位置を捉えることはできない。出身をふくめた階級的位置が高くなくても、その国家思想に支えられることで、特権性は内面化される。

いま日本の国籍条項をめぐって問われている労働権と参政権、投票権の問題は、抽象的な国家論や憲法論議に発したものではなく、植民地支配と戦争が現実に残した矛盾と差別の実態を解決しなければならない具体的事実に突き動かされ、長い苦しみの時をへて社会の表面に押し出されてきたものである。そしてこの問題は、台湾独立が紛争ないし戦争をへて実現した場合、必ずやその現実の結果としてすぐ生起するはずのものである。台湾の国籍を取得することを肯んじないで、かつ国外に生活基盤を移すことができない「外国人」や「無国籍者」あるいは「華僑」(独立台湾に参画しない「外省人」のこと。六九頁参照)たちは、選挙権を奪われ即座に各種の公務員の職を追われなければならないのか。それはかつて台湾人の強制送還事件を続発させた日本の入管体制の、「外国人の場合、当然日本に住む権利はない[39]」という排外主義の人権抑圧の反復ではないのか。

前引の金美齢の「この当たり前のことが日本人にはわからない」との発言は、正しくは「この当たり前のことが外国人にはわからない」であるはずだ。国家に忠誠を誓うことのできない「外国人」よ、分からないなら去れ、というメッセージである。その暴力的な排外主義は、「日本人」という国民の視点に閉じこもることによって、なんらの痛みを感じることなく正当化される。それゆえに金美齢は「外国人」ではなく、「日本人にはわからない」と述べて、国民的排外主義をあおり立てる修辞を完璧に実践している。そしてこのことは、金美齢および彼女を指導者のひとりにかかげる日本の台独聯盟が、独立台湾の社会のあり方として排外的国家主義をもってのぞむ立場にいたっていることを示している。それは外国人など少数者を排撃するファシズムの思想といってもよい[40]。その思想は、まさに在日外国人と在日台独派を残酷に処分してきた戦後日本の排外主義のコピーそのものだ。しかもこの排外主義の増殖は単なる複製と移植ではない。相互に触発しあい連動するなかで、日本と台湾の社会の双方に排外的愛国主義が打ち立てられようとしている。

在日台独派が独立建国という目標に抑圧からの解放の希求をすべて注いでゆくなかで失ってきたもの、それは在日外国人として国家と国民主義の暴力を受けてきた経験に立脚して、国家を相対化する視座を築くことで、暴力の反復、再生産からみずからを解き放つ、困難な実践に取り組んでゆくひとつの可能性の回路が、自己の国家建設の夢を描きつづけるなかで、消しつぶされてしまったことである。そして在日台独派はいま、台湾の独立／民主化運動の舞台に、悪虐な排外的国家主義思想を日本から持ち込んでいく役割をはたすことになった。

ここにいたる歩みは日本の排外主義との闘いを放棄した地点から始まった。そして利用主義を逆に利用しつくしてみせようとする解放闘争の戦術を実践し、憎悪をバネにして「旧敵」たちとのだまし合いの交歓を続ける手応えのなかで、みずからの国家思想／民族主義のうちにある排外主義が相互的に触発され膨張していく事態に歯止めをかけられる抑制の契機——みずからが受けた苦しみ哀しみ——が埋もれていったことで、決定的な局面を越えていったのではないか。

国民党政府の台湾人抑圧、およびそれと連動した戦後日本社会での台湾人抑圧に苦しめられながら、そこからの解放をめざした運動が、新たな排外的愛国主義、ショーヴィニズムを生みだす結果にいたったとしたら、この解放運動は失敗だったといわざるをえない。しかしたとえそれが失敗に終わったとしても、その取り組みが真剣なものだったならば、そこから私たちは多くの可能性と教訓をくみ取り、痛切に学びとることができる。いやちがうだろう。そんな一般論への置き換えでは不条理の空虚さ、憎悪の連鎖に立ち向かえない。それは命がけの必死の解放の闘いだった。だからこそわたしは、そこに埋もれた豊かな可能性と戒め、そして悲惨を、すべてえぐり出してわたしたちの目の前にひとつひとつならべずにはいられない。

現在、日本の台独聯盟にはひとつの転機が訪れているのだろう。それがどんなかたちで納まるかは、もうしばらく時を経なければはっきりしない。

現時点のその転機のありようは、「文明論評論家」として東アジア歴史論を担当してきた日本本部委員長黄文雄においては、「大東亜共栄圏の精神」などもろもろの歴史再評価、修正主義の立場から、いまや歴史の操作主義の極限に移行するものとなって現れてきている。黄はいう、「概して、台湾研究をやればやるほど台湾を曲解・誤解し、ばかになる傾向が強い。ことに文献に頼る台湾研究者は、なおさら台湾史偽造の罠にはまりやすい。」そして「日本時代の台湾近代化への貢献はいくら評価しても、しすぎるということはない」として、この時点で最近刊の自著『台湾は日本人がつくった』（徳間書店、二〇〇一年）[41]を推薦する。同書については「あとがき」冒頭の次の一句がすべてを言い表している。「戦後、日本領台時代といえば、植民地搾取や日本軍による「虐殺、略奪、放火、暴行」などの悪事しか挙げられないが、もちろんこれは歴史の捏造であり、まったくのウソである。」かりにこれが本当にウソだとして、黄文雄はたとえば王育徳の歴史認識を、あるいは日本人を台湾人の「共通の敵」だと述べた自分自身の過去の発言を、「何の意味もないたわごと」だと指弾できるのだろうか。ここにはみずからの信念と足跡をも捏造し裏切ることを恥としないデマゴーグと化したひとりの革命運動家があるだけだ。

そしてまた金美齢は最近著『入国拒否』で、政治や外交には「悪の領域」をわきまえた「スケールが大きくて、リーダーシップに優れた人間」が必要なのだということを、また日本人（保守主義者）にさとすかたちをとって語っている。政治には「ある種の悪の才能」が必要だということが「戦後の日本人にはすっかり分からなくなっていると思います」

と（一六三頁）。だがここで説得されようとしているのは平和ボケとののしられる「戦後の日本人」だけではない。独立国家の建設に生命を捧げる忠誠を覚悟しなければならない台湾人であり、またエゲツない政治主義を憎んできた自由主義者としての過去の金美齢自身でもある。同書「あとがき」で、金は「最初は恐る恐る後からついていった私が、長い年月の間に仲間が一人抜け、二人抜け、気が付いたら先頭のグループに立っていた」のだと、みずからの独立運動の歩みを短くかえりみたうえで、小林との出会いによって現れた変化を書き記し、こう呼号する。

そして、突然御輿に担ぎ上げられた。降りたら「女がすたる」。今はその覚悟をするしかない。ゴーマンかましてよかですか。矢でも鉄砲でも持ってこい！

「愚劣さ野暮ったさ」を跳び越えたかにみえた金の政治は、かつての憎しみの対象そのものとなりはてても屹立する。

これらの発言はいずれも「小林よしのり著『台湾論』は不朽の名著」「小林よしのりと台湾との出会いは正に天の配剤である」とする立場から現れている。小林自身には何ら創意創見がなかったとしても、彼をめぐって大きな事態が起こっている。本書はそこにいたるエスカレーションのプロセスを具体的に見てきた。それゆえに、この理由においてこそ、在日台独派と親日台独派もその運営に参与するに及んだ「小林よしのり」というメディアが犯している歴史的役割と、その自家中毒的な腐乱の進行に対する徹底的介入を、打撃的に行なう必要があるのである。

注

（1）『自由時報』二〇〇一年三月三日。
（2）津村喬『われらの内なる差別』三一書房、一九七〇年、九八頁。
（3）「〝造反〟に揺らぐ華僑総会」『オブザーバー』（東京オブザーバー）一九六九年五月一一日。
（4）入管闘争のなかでは数多くのパンフレット、ミニコミなどが出され、それが大きな役割をはたしたが、現在それをまとまって見ることはできない。以下、一九六九年の入管闘争の経過をまとめ、その意味を突きつめたものとして津村前掲『われらの内なる差別』が多く役立った。ここではとくに九四―九六頁を参照。また第一次善隣会館事件（一九六七年三月に在日中国人のための善隣学生会館で、文革を背景に日本共産党と華僑青年が衝突した事件）以降始まった在日華僑青年運動の歩みについては、螞蟻「華青闘と民族解放闘争」『現代の眼』一九七一年二月号、「中国から来た青年　ドキュメンタリー劇　劉道昌との対話」同前誌七一年六—九月号などを通して概観することができる。
(5) 津村前掲『われらの内なる差別』九四—九六頁。前掲「〝造反〟に揺らぐ華僑総会」。孫明海編前掲「陳玉璽事件の黒い霧」。宇野三郎「『出入国管理法案』この帝国主義的排外主義」『情況』一九六九年七月号。
(6) 川田前掲『良心の囚人』二一三頁。なお「入管法改正に抗議の自殺」『オブザーバー』一九六九年五月四日によると、李智成の遺書は二通残され、ひとつは先に紹介した佐藤首相あてで、もうひとつは東京華僑総会あてだったが、にぎりつぶされて内容は知られなかったという。このことの真相をふくめ、わたしには彼の自死それ自体を論じることはできない。
(7) 一九七〇年七月、華僑青年運動に早くから参加していた劉道昌はそれまで一年間だったビザの特別滞在許可が何の説明もなく六カ月に切り下げられた。次に来るものは強制送還である。抗議のなかで、短縮の理由は彼が入管法反対の運動をやっていることに対する「自由裁量」の結果であり、「警告」であることが後に明かされた。劉は七一年四月二〇日、李智成の命日を期して東大安田講堂前でテントをはってハンストに入り、現下の入管行政と再上程された入管法案に対する告発・支援を訴え、大きな社会的注目を浴びた。その結果、絶食二四日目の五月一三日、法務省は「人道上の配慮」を理由に一年の滞在許可を通告した。またしても「自由裁量」であり、劉は入管体制に対する抗議と絶食を続け、三度めのドクターストップがかかった二日後に入院させられた。その後、劉彩品支援運動の問題などとも重なりながら、入管体制の問題を日本本国人に訴えるためには、日本人にとってのリアリティーのために、強制送還の危機に瀕した在日外国人の「命を投げだした決死の闘い」がどれだけさらし出されなければならないのか、それは何人必要なのか、との問題が提起されていった。前掲「中国から来た青年」、『前進』一九七一年五月三一日、六月一四日など参照。この問いは、本書が戦後左翼の宿痾を克服する取り組みとして入管闘争の経験に立ち戻り、それを叙述するにあたって、ひとりの自死とその反響から説き起こしていることにも、解決できないまま引き継がれている。

（8）津村前掲『われらの内なる差別』一〇四―〇五頁。

（9）同前書四二・一〇七頁。

（10）川田前掲『良心の囚人』二二八頁。

（11）水戸理「〈差別〉に無自覚な革命主体を弾劾する」『情況』七〇年九月号、蔵田計成『新左翼運動全史』流動出版、一九七八年、二六二頁など参照。

（12）集会における華青闘の特別発言の原稿に相当する資料は未見で、以上の紹介は発言内容を書きとめた『先駆』一九七〇年七月八日、『前進』一九七〇年七月一三日、水戸前掲論文、津村前掲『歴史の奪還』五七―五八頁などの記述を参照した。

（13）『前進』一九七一年三月一日。

（14）清水丈夫『清水丈夫選集』二巻、一九九九年、前進社、五六頁。「血債」ということば自体は、この時期よく読まれた魯迅「花なきバラの二」（一九二六年）の末尾で使われていたものである。華青闘告発から第三世界主義にいたる思想状況の問題については、東アジア反日武装戦線への死刑・重刑攻撃とたたかう支援連絡会議編『あの狼煙はいま』インパクト出版会、一九九六年、とくに座談会「「第三世界主義」を越えて」を参照されたい。

(15) 高橋寿臣「党派運動と全共闘体験」池田浩士・天野恵一編『検証［昭和の思想］Ⅴ 思想としての運動体験』社会評論社、一九九四年、一一二頁参照。なおここで跡付けた差別構造に対する覚醒の歩みは、それ自体重要な経験としていまも残されていることに変わりはないが、差別構造の（多角的な）認識はそれ自体必要な出発点であるとしても、スタティックな構造論のなかに現実の複合した多面的な差別／被差別のありようをはめ込むことでは、観念的倫理主義の空虚な増殖から逃れられず、硬化させていくだけではないかという問題がある。以下の本文の叙述はこの問題を若干意識しているものの、正面から取り組むことは別の場面で引き継ぎたい。この課題への取り組みとして、崎山政毅「「私は差別していない」だって?」『インパクション』八六号、一九九四年六月を参照。

(16) 華僑青年闘争委員会「入管闘争を闘うなかから民族の魂の復権を」、および「底流」編集委員会「七・七集会についての見解」、いずれも『底流』創刊号、一九七〇年七月七日に掲載。同紙創刊号は入手できなかったので、前者は『新左翼理論全史』流動出版、一九七九年に収録されたものを、後者は水戸前掲「〈差別〉に無自覚な革命主体を弾劾する」、津村前掲『歴史の奪還』六一頁などの長文の引用紹介から参照・引用した。海燕社発行の『底流』は東京の華青闘の立場をほぼ代弁するかたちで編集されていたと考えられる。

(17) 葉輝「中国革命の勝利二十一周年にあたって　われわれにとって祖国とは何か」『底流』二号、一九七〇年一〇月八日(『思想の科学』七一年一月号のミニコミ紹介欄「日本の地下水」で引用・紹介された記述を参照・再引用)。

(18) この引用文は華青闘前掲「入管闘争を闘うなかから民族の魂の復権を」より。

(19) 以下に述べる七・七告発後の華青闘の運動方針の展開、とくに大阪での活動については、幾人かの方からの個人的御教示に負うところが多い。いまはそのお名前を挙げることはしない。また叙述の責任はもちろんすべてわたしにある。誤りなどを指摘いただければ幸甚である。

(20) 柳清河「十・八集会への提言　在日被抑圧民族の友人なのか、代弁者なのか」『底流』二号(前記『思想の科学』七一年一月号「日本の地下水」からの参照・再引用)。チョッパリの会などの提唱で六九年入管闘争の段階から東京で模索された地域闘争については、津村前掲『われらの内なる差別』一一四頁、同『歴史の奪還』二二・七二頁、津村喬『魂にふれる革命』ライン出版、一九七〇年、二五三―六七頁など参照。

(21) 徐翠珍「抗日こそ誇り　指紋裁判における意見陳述」一九八七年三月二三日、指紋なんてみんなで〝不〟の会編『抗日こそ誇り　訪中報告書』中国東北地区における指紋実態調査団、一九八八年、一五九―六七頁。

(22) その成果として、前掲『抗日こそ誇り』や、『報告集：中国人強制連行国際シンポジウム大阪集会』同実行委員会、一九九七年などが挙げられる。
(23) ここでの引用は、華青闘前掲「入管闘争を闘うなかから民族の魂の復権を」より。
(24) 「入管法改悪に反対！」『台湾』一九六九年三月号。「デモにびっくりの東京入管」および「李智成君の死に思う」同前誌六九年五月号。
(25) 孫明海前掲「「革新」か「事大主義」か？」。
(26) 津村前掲『歴史の奪還』一〇・三八・一〇〇頁。
(27) 同前書二四六・二五四・二六二―六五頁。
(28) このことを考えるにあたって、崎山政毅「暴力の重ね書きを再読する　『地に呪われたる者』のファノンのあらたな可能性に向けて」『現代思想』二三巻六号、一九九五年から示唆を受けた。
(29) 「〝入管法案〟難行す」『台湾青年』一九七〇年二月号。
(30) 以下、一九七〇年代初期の台湾知識人の社会問題への関与については、陳正醍「台湾における郷土文学論戦」『台湾近現代史研究』三号、一九八一年の第一章がよくまとめており、とくにこの段落では多く参照した。他に松永正義「解説　台湾文学の歴史と個性」『彩鳳の夢　台湾現代小説選Ⅰ』研文出版、一九八四年、李筱峯『台湾民主運動四十年』自立晩報出版、一九八七年、拙稿「東アジアのなかの沖縄の日本復帰運動」『インパクション』一〇三号、一九九七年六月、および釣魚台保衛運動に始まる左派の民族主義の発展については王暁波『尚未完成的歴史』

海峡学術出版社、一九九六年を参照。

(31) 洪三雄『烽火杜鵑城　七〇年代台大学生運動』自立晩報出版、一九九三年、六五・一七四・四二五―二七頁。王拓（宇野・松永訳）「「現実主義文学」であって「郷土文学」ではない」前掲『彩鳳の夢』所収、一五六頁。調査団は各調査項目別に専門の教員を指導顧問に立て協力をえたが、そのなかの一人に当時台湾大学の経済・農経兼任教授であった李登輝がいた。李はこの直後、七二年六月に成立した蒋経国内閣の無任所国務大臣に迎えられ、農業問題のエキスパートとして政界入りした。

(32) 王拓前掲「「現実主義文学」であって「郷土文学」ではない」一五五頁。王拓は七七―七八年の郷土文学論戦でリアリズム文学の路線を領導した作家で、また美麗島事件に連座して懲役六年の刑を受けた。その歩みを決定付けた経験として、社会服務団運動におけるナロードニキ的な台湾土着の左翼思想への目覚めがあった。郭紀舟『七〇年代台湾左翼運動』海峡学術出版社、一九九九年、六五―六八頁参照。

(33) 孫明海「ある親日家の戸惑い」『台湾』一九六八年二月号。同「こんな台湾人がいた」『台湾青年』九五年七月号。金美齢前掲「恥ずべき取引」。ここで金美齢もまた柳文卿事件に際して「日本政府よ、私は忘れない！」と記している。

(34) 宮崎繁樹『出入国管理』三省堂、一九七〇年、五〇―五二頁。宗像前掲書一六八―七四頁。前掲『告発・入管体制』七一頁。日本で政治犯罪人不引渡の原則が争点となって判決に採用された判例は六九年一月の尹秀吉事件判決が最初で、柳事件裁判は二例目となった。なお柳事件判決は七一年三月三〇日、東京高裁で逆転原告敗訴、慰謝料請求棄却。

(35)「任務を果たして「台湾の政治犯を救う会」を解散」『台湾青年』一九九四年三月号。

(36)「自由のために動き始めたアムネスティ日本支部」『台湾青年』一九七〇年八月号。宗像前掲書二四三―四八頁。台独聯盟がアムネスティ日本支部設立に取り組んだのは、この年台湾脱出に成功した彭明敏からの提案がきっかけとなった。

(37) 少数の人びとによるそうした活動のひとつの成果として、アムネスティ・インターナショナル第五グループ編刊『台湾の人権運動に光を』一九七七年がある。

(38) 黄昭堂前掲『黄昭堂独立文集』二三二頁。

(39) これは一九七〇年一二月、在留期間を六カ月に短縮された措置について劉道昌が説明を求め、「私達在日中国人、朝鮮人の基本的人権をふみにじらないでほしい」と要求したことに対して答えた、法務官僚の発言。劉道昌「一二・二五の徹底的清算にむけて」『構造』一九七一年四月号、一四四頁。

(40) このファシズム的展開は台独派に固有のものではない。総統直接選挙の実施が日程に入り、李登輝に対する中国の文攻武嚇が始まるなかで、台湾で大きな反響をよびベストセラーになった鄭浪平『一九九五閏八月』(鈴木良明訳『中国台湾侵攻Xデー』サリュート、一九九五年)が、この展開の始まりを告げた。同書は中国の台湾侵攻Xデーの必然性と日程表を提示したうえで、

「いかなる代価も惜しまぬ覚悟で台湾防衛を決断」し、国内の政治的混乱を避けるために総統選にともなう反対党の運動やマスコミの動きを統制し、むしろ武力侵攻の危機を大宣伝することが必要だと説く。そして国民投票による総統大権のもとで、国民と軍部が直結した兵営国家を造り出すことを提言している。この著者は「この重大な危機」と向きあおうとせずに国防の危機をもたらすものとして台独派を批判しており、明らかに、政権交代も可能な段階にいたった民主化の展開に危機感を抱く勢力に与している。だがこの主張は、台独派の一部に、独立の代価として民主化と自由化を切り捨てる覚悟を促すかたちで受け取られ、いまに及んでいるといえる。

(41) 黄文雄「小林よしのり著『台湾論』は不朽の名著」『台湾青年』二〇〇一年四月号。この論稿は小林前掲『新・ゴーマニズム宣言10』にも収録。

結語　植民地主義連鎖の解体の実践

植民地支配に対する抵抗運動が「強国夢」に呪縛され、植民地支配から脱した後も、植民者／略奪者の観点、価値と精神状態を模倣し、自己の社会の内的植民地化を進めていく事態を、台湾の都市史・建築史研究者、夏鑄九は「植民地近代性」（colonial modernity）の概念設定から理論化して整理している。それを叙述するなかで、こう述べている。

かりに客観的なレベルにおいて、台湾が技術、法治、衛生、教育、そして官僚の効率性を備えたとしても、個体を生み出す自覚、主体の再帰性（reflexivity）はない。これこそが**主体**（subject）**を欠いた植民地近代性である**。そこには市民社会の自主性はなく、市民の公共空間のない植民都市であるといえる。植民都市がかりに実質的な公共空間を複製して移植しても、「政治」がないため、なおもそれは「偽公共空間」である。「政治」がなければ、「公共領域」もない(1)。

「政治」がないのは、「植民地が向き合う実体」としての帝国主義、植民地主義者の側も同じである。それはまさに相互的（reflexive）な事態である。この相互的関係においては「政治」の名のもとに暴力の支配があるだけだ。本書でも見てきたとおり、テロル、黙殺、利用、これが戦後日本の、台湾に対する関係性の基調をなしてきた。それは旧帝国の内部における、ポストコロニアル時代の植民地主義のすがた、恐怖の横溢する世界である。在日台独派の悲惨は、この植民地主義に対する抵抗と怒りを、それと異なる公共空間の創造へと転化させていく政治の実践の場を築き上げられなかったことに起因する。

いま在日台独派と日本の植民地主義者のあいだで相互に触発と鼓舞を重ね、対立の契機（西尾・小林論争など）をはらむことで、いっそう焚き付けられている日台植民地主義の連鎖に立ち向かい、暴力の再生産と歴史の焼き討ちに抵抗していくこと、それはどのようにして可能だろうか。過去を問い、それをとおしていまを知ること、その叙述、それへの批判をふくめた応答と継起的検証、これらの営みは植民地主義の連鎖を断ち切っていく実践の第一歩となるだろう。第一歩は第一歩であって、それ以上のものではない。だが、それなしには始まりがないのである。

『台湾社会研究季刊』。台湾の社会科学研究を代表する学術誌のひとつ。英文名はTaiwan: A Radical Quarterly in Social Studies. 左が「帝国の眼差し」が載った1994年7月の第17号、右は夏論文「植民地近代性の構築」を収めた「台湾論・論台湾特集」の第40号、2000年12月。

最後に、この本の叙述の到達点としての植民地主義連鎖ということば、その様相について、概念設定の目論見を補足的に説明し、また台湾をめぐる現在の歴史／文化研究との関わりで、本書の位置と今後の展望を述べて結ぶことにしたい。

帝国主義の反復、再生産として台湾ナショナリズムに現れる歴史／文化想像を批判的に検討する研究は、日本の学術界でも話題をよんだ陳光興の論文「帝国の眼差し」（一九九四年）の強力な理論的フレームワークによって切り開かれた。(2)だがこの論文の挑戦を正面から受けとめた台湾史研究は、彼の同行者というべき夏鑄九の上記の研究を除き、管見のかぎりではほとんど進展していないようである。本書は台湾史研究およびこのテーマをめぐる台湾の文化研究に対して、日本統治時代から現在にいたる日台関係の歴史―現在の具体性に徹底して立つことによって、いままさに進行している日台間の植民地主義連鎖に対する批判と介入の力がどれだけ発揮されるかを、充分ではないにしても具体的に提起する意味をもつだろうと考えている。それがまた台湾研究の範疇に領域的にとどまる問題提起でないことは、いうまでもなかろう。

では本書が行なった具体的な叙述は、帝国主義の反復、再生産をめぐる理論的な整理に対し、単なる肉付けを行なうのではなく、新たに何を提起するのか。

陳光興も引用するように、旧植民地の脱植民地化の過程で「民族主義から、ウルトラ・ナショナリズムに、排外的愛国主義に、人種主義にと、移行」する悲劇がくり返されてきたことは、早くからフランツ・ファノンによっても問題化されてきた。[3]それを〈植民→脱植民→他国への新植民／自己の社会に対する内部植民〉という「理論軸線」[4]において整理できるとしても、このような事態に対する批判的な介入を有効に実践するためには、その場で起こっている事態、そこで繰り広げられている歴史との格闘の舞台に徹底して分け入っていく力が、理論的な整理以前に、必要とされるであろう。それなしにはどんなに戦闘的な介入も、情況に噛み合う糸口を外してしまうだろうからである。

陳光興は前出論文で、台湾ナショナリズムが体制内部の「準帝国」イデオロギーに「堕落」する悲劇を描いた。ここでいう「準帝国」とは「帝国主義における依存的二級帝国」を指し、その「二級」としての性格は、台湾のような旧植民地の新興工業国が、構造的にアメリカや日本のグローバルな資本主義のヘゲモニーに従属せざるをえず、この新植民地帝国主義の構造のうちで「よりマイナーな地域、非メジャー資本主義地域を外への拡張対象」に選びとっているとの分析にもとづいて規定されている。そして陳は、台湾ナショナリズムにおける「新帝国構築の文化的想像は日帝が半世紀前に編み出した文化思惟の焼直し、再版、海賊版にすぎないことも暴いて」いった。すなわち、この台湾の新たな植民地帝国主義にあっては、他国に対する介入の「政治・経済的体質」の次元においても、また帝国主義イデオロギーの編成においても、米日などからは一レベル低い「二級帝国」の烙印が押されており、その複製物である制約から逃れられないことが強調されている。[5]

陳の「準帝国」としての性格規定は、グローバル資本主義のヘゲモニー編成についての実態認識を裏付けとして、その従属的依存的性格が措定されている。だが帝国主義イデオロギーの編成もが二級の複製物でしかないとする結論は、「歴史的コロニアルな精神分析的構造分析」に依拠し、言説のうちに旧帝国の「烙印」や欲望の模倣の跡を見いだす作業を綜合したものであって、このある種の跳躍台（精神分析学）を踏むことによって、具体的歴史的な実態認識の手続を慎重に進める営みは省かれている。この跳躍は実は落とし穴となっている。

陳は台湾の「本土左派」を称する論客において、「実は日本統治後期に台湾はすでに植民地ではなく、日本国土の一部となっていた」とする歴史の書き換えが行なわれる事態に対するに、まだその頃でも反抗があり弾圧があったという、台湾史家の「政治血涙」史の叙述に依拠することで反駁を行なっている。だがこれによって生じる、従来の一枚岩の抗日民衆史観のイデオロギー性といまさらながら心中する危険をどう乗り越えるのか、この点について理論的警句以上の具体的な歴史的洞察は示されない。また同論文の核心的論点である、大東亜共栄圏の中心点に台湾を位置付ける日本帝国主義の視点が、台湾史の中国史からの自立を求める「台湾中心論」の歴史家によって反復されることへの批判においても、歴史論の角度からの批判は表層的な事実認識の提示にとどめられてしまっている。「当時の台湾中心論はなにも台湾（台北）を中心としたものではなく、さらにその背後にある中心は日本帝国（東京）であり、台湾の地理的位置は南進の転接の中心点とするため利用されたのである」と。[6] たしかに帝国は台湾を「利用」しただろう。それはなんら驚くに値しない。だがその「利用」において、どんな解放の夢が描かれ、植民地主義を克服する渇望がそのうちに賭けられていたか、「利用」や総動員体制構築の相互的なありようを具体的に見ていかなければ、植民地の歴史は単なる被「利用」、被害の側面に画一化されるばかりである。(7) この画一的な被害者／受動者史観は、被植民から他者への植民、自己の内部植民へ進まざるをえないという、冷厳かつ悲痛な法則性の認識、その痛覚を〈被害から加害へ〉という単純な図式理解におとしこむ機能を、裏側から秘かに発揮するだろう。跳躍台が落とし穴を準備するというのは、このことを指す。

画一的な被害者／受動者史観に対する批判は、植民地の歴史叙述において、つねに絶えず出発点として確認されなければならない。それが脱植民地化をめざす営みの出発点とも重なるものだからでもある。そしてこの出発点から、なぜ植民地主義が再生産されてきたのか、その足跡を注意深く跡付けていき、この悲劇を克服する可能性を、それ自体の歩みのなかから内在的にえぐり出していかなければならない。

そして本書の叙述によって浮かび上がらせた事態は、すでに帝国主義の反復、再生産として整理される次元を超えたものであった。そこではイデオロギー編成のレベルで旧帝国のまなざしの複製が行なわれるといった事態は、もはやさほど大きな意味をもつとはいえない。「準帝国」との位置づけが経済構造の従属的規定性から導かれたとしても、その経済的次元とは別に、政治的イデオロギーがそこから相対的に独立した働きをもつことは十分ありうることである。本書で見てきたのはまさにこうした重層的決定のもとにすすむ事態であって、ここにいたっては一方に対する全面的な従属的依存的性格の強調は事態の本質を見誤らせる結果をよびかねない。

すなわち在日台独派や親日台独派は、いまや日本の植民地主義者とのあいだで相互に触発と鼓舞を重ね、対立の契機をはらむことで、いっそう植民地主義の野心を焚き付けつつ、日本と台湾の社会の双方において排外的国民主義／愛国主義を打ち立て、連動させる策動を展開している。そこでは旧帝国の二次的な模倣や複製といった構造的従属性は、たとえ過去にあったとしても、いわば克服されてしまっている。ここにいたっては（旧）帝国から（旧）植民地へという構造的な植民地主義の伝播の図式もまた、克服されなければならない。本書が提起する植民地主義連鎖という概念は、こうした構造的、スタティックな理解を突き破る現在の事態に即応する必要性を背景に用いるものである。

この植民地主義連鎖の展開過程においては、旧帝国の側で何ら払拭されない植民地主義の暴力が、旧植民地人に対して加えられつづけたことが大きな誘因となってきた。それゆえに在日台独派や親日台独派における排外的国家主義の構築に対する批判は、隣人ないし第三者的立場からの諫言の範囲を踏み越えたものとならざるをえない。それが植民地主義を清算できずにきた現代日本社会の構成物でもあるからだ。そしてこの段階にいたっては、旧植民地と旧帝国のあいだの関係性をスタティックな構造論に封じ込めることの限界および、そこに生じやすい観念的民族間倫理主義の限界もまたあらわになっているだろう。

これが本書の叙述から引き出される結論的論点である。いま国境や構造的要因の制約を越えて展開されている植民地主義連鎖に立ち向かうためには、すくなくともそれに相応するだけの革新性が、対抗する側に打ち立てられなければならない。本書の全方位的な批判と介入の実践は、この植民地主義連鎖を解体する闘いを挑むことができるだけの力を、歴史認識／研究の次元において掘り起こし呼び覚ますために提示するものである。

今後の展望にかかわっていえば、わたし自身、この小著では盛り込めなかったいくつかの関連する論点、及ばなかった多くの問題点について継続して取り組んでいくつもりである。それは当然のこととして、本書でわたしが提起したそれぞれの論点、および全体としての実践については、そこで取り組んでいる課題にかかわって、批判を前提にした建設的な討議がいくらかでも呼び起こされることを願っている。なぜ批判が前提となるのかは、はっきりしている。本書が見てきたように、批判的に討議すべき問題点は、国境をはじめとするさまざまな境目を越え幾重にも折り重なって山積しているからであり、それは共同的な検討の実践を必要としているからである。

とりわけ植民地主義連鎖という事態に対する記述と問題化を精緻化し検証していく、より理論的なアプローチは、本書の叙述では積極的に追求していない。だがこれはその必要性を排除してのことではない。この点はその理由にもかかわって明記しておくべきことがらだろう。本書の執筆を根幹部分で支えているものは、過去から現在にわたる植民地主義／帝国主義からの解放闘争のさまざまな歩みを、〈いま・ここ〉で起こっている事態との抗いにおいて叙述することのなかで、その闘争の力が憑依されていく、歴史叙述の〈霊媒〉的効果への投企である。〈霊媒〉とは過去の再現、写真的複製でもなければ、技術的な意味での歴史の再構成ともちがう。いわゆる歴史の再構成という営みを背後で支えている、歴史の声との対話の局面から、おぼろげに、だが確実に現れ出ている力であろう。歴史の焼き討ちに対決することとは、啓蒙の不足を嘆いた技術的な歴史再構成の反復・強化によっては、本質的には不可能である。解放への希求の力に満たされた歴史との対話の空間を創造すること、それがいま求められている。これが歴史学の方法の内側から行なった、本書におけるわたしの政治情況への介入のスタンスであり、〈霊媒〉による力の憑依からそれが開けていくことを感取しながらその実践を追求したこころみに、本書は位置している。焼き払われようとする空間に降り立って闘いを現在によみがえらせ受け取ることのみが、歴史の焼き討ちとの対決、そしてさらにその先へと進むことの可能性をもっている。

注

（1）夏鑄九「殖民的現代性営造」『台湾社会研究季刊』四〇期、二〇〇〇年一二月、六五頁。強調原文。日本語訳は本田・轡田訳「植民地近代性の構築」『現代思想』〇一年五月号、四五頁がある。

（2）陳光興（坂元ひろ子訳）「帝国の眼差し」『思想』八五九号、一九九六年一月。以下の引用では訳文は一部原文（「帝国之眼」『台湾社会研究季刊』一七期、九四年七月）を参照して手を加えてある。なお日本の学界における同論文の受容をめぐる問題についてのわたしの考えは、座談会「台湾　世界資本主義と帝国の記憶」『インパクション』一二〇号、二〇〇〇年七月、二九頁で言及した。

（3）フランツ・ファノン（鈴木・浦野訳）『地に呪われたる者』みすず書房、一九六九年、八九頁。この問題領域におけるファノンの思考は、ファノン（宮ヶ花・花輪・海老坂訳）『革命の社会学』（新訳版）みすず書房、一九八四年の記述、およびそれに対する崎山前掲「暴力の重ね書きを再読する」の検討が参照されるべきであろう。

（4）陳光興前掲「帝国の眼差し」一六六・二一〇頁。

（5）同前一六六―六八・一七三・一八〇頁。

（6）同前一九四―九五頁。

（7）受け身の動員、利用に画一化した歴史認識は、総力戦体制期の台湾史の事実認識のレベルにおいても不適切なものである。日本統治時代の最末期には皇民化運動でさえ上からの押し付け、「単なる同化運動」として否定され、制度的な植民地差別の撤廃が進んでいった。よく知られている貴族院・衆議院の国政参加の「外地における政治処遇の改善」だけでなく、植民地差別の象徴であった内地人の六割加俸・差別給や、台湾本島人のみを対象とした治安維持機構の保甲制度を撤廃する「社会処遇の改善」もまた決定された。これはきたるべき日米の台湾決戦における「台湾要塞化」の完成へむけて、植民地の総力戦体制において従来の植民地差別の撤廃が避けられない段階を迎えたからに他ならないが、この帝国国民化のなかで植民地人の解放の夢と植民地主義はどう再編されたかは、慎重な歴史的考察を必要とする。これらについては森宣雄「植民地主義の歴史の読み替え　台湾における総力戦の記憶」Modern Japan History Workshop 主催日米共同研究シンポジウム「近代日本の社会文化史的研究」（一九九八年一一月一四日、於米国プリンストン大学）報告論文、冨山・森前掲「記憶に出会うということ」四六頁でも扱ったが、近く別稿で全面的に論じる。

索　　　引

○主要な人名・事項・書名・論文名・略称を、本書を読み進め、また後ろからたどり直すうえで便宜になると思われるものについてのみあげた。そのため重要事項でも章・節・項のタイトルからたどれるようなものは略した。
○重要事項・人名については本文・注記のなかで最低限の説明を加えているので、不明の場合は索引を使って確認することができる。論著もふくめ比較的くわしい言及を行なっている箇所には頁数の頭に＊を付した。
○金美齢、台独聯盟をはじめ、頻出する人名・事項は主な箇所のみをあげた。
○論著は頻出する重要なものを若干あげ、フルタイトル（書誌データ）を記した初出箇所および本文中で論及した箇所を示した。注で「前掲」処理をしたその他の論著の主なものは著者名から書誌データを検索できる。
○漢字の読みはすべて日本語読みとした。

関　連　年　表
──戦後台湾史を中心に──

1895	4月	日清講和条約締結、日清戦争終了し日本に台湾割譲を決定。
	5月	台湾民主国独立宣言、台湾攻防戦はじまる。
	6月	台湾総督府が台北で始政式を挙行。
	11月	樺山資紀総督が台湾全島の軍事的平定を大本営に報告。
1900	8月	廈門事件、義和団事変に乗じて中国福建省の獲得をめざし、児玉・後藤体制の台湾総督府と日本政府が廈門占領をくわだて28日に台湾駐屯の軍隊を出兵。しかし出兵理由の邦人保護が日本のデッチあげた謀略であることがすぐ露呈して欧米列国が軍艦を派遣したため即時撤兵。国内外で非難が高まり山県有朋内閣は翌月総辞職。
1911	10月	中国で辛亥革命、翌年清朝滅亡・中華民国成立。
1920	1月	在日台湾人留学生を中心に新民会（会長林献堂）結成。
	7月	初の台湾人の政論誌『台湾青年』発刊。
1921	10月	台湾文化協会結成、台湾人抗日政治運動活発化。
1928	4月	謝雪紅ら上海で台湾共産党結成。
1931	9月	満州事変、15年戦争はじまる。
1934	9月	14年間つづいた台湾議会設置請願運動が中止される。
1937	4月	総督府、新聞の漢文欄を禁止、「皇民化運動」の本格化。
	7月	蘆溝橋事件で日中全面戦争はじまる。
1941	12月	日本が米英蘭に宣戦布告、太平洋戦争はじまる。
1942	3月	第一回高砂義勇隊フィリピンに派遣。
	4月	最初の台湾「特別志願兵」入隊。
1943	4月	六年制義務教育実施。
	12月	米英中のカイロ宣言で台湾の中国返還を声明。
1944	9月	台湾に徴兵制施行（翌年徴集開始）。
1945	4月	米軍が沖縄本島上陸。
	4月	林献堂ら台湾で初の貴族院議員に勅選。
	5月	台湾全島大空襲、総督府が炎上。
	8月	日本無条件降伏、第二次世界大戦終了。
	10月	台北で受降式、中華民国台湾省行政長官公署が執務開始。
	12月	在台日本人の集団引揚開始（～46年4月）。

1947	2月	二二八事件、3月8日国府増援軍上陸、大虐殺はじまる。
	4月	台湾省行政長官公署を省政府に改組。
	11月	謝雪紅ら香港で台湾民主自治同盟を結成、中共と連携。
1948	8月	香港で廖文毅と旧台湾共産党メンバーら台湾再解放連盟を結成、国連信託統治の要請などを活動。
1949	4月	農地改革開始（～53年)。
	4月	学生運動弾圧の「四・六事件」、これより「赤狩り」と白色テロルの本格化。
	5月	戒厳令施行（～87年)、反政府勢力の大量逮捕・処刑。
	9月	林献堂が日本へ亡命（56年9月東京で病死)。
	9月	旧日本軍の日本人軍事顧問団の「白団」結成、国府軍指揮官の訓練などを行なう。
	10月	中華人民共和国成立。
	12月	蒋介石が台湾へ逃亡、国民党政府は中華民国の首都を台北に移す。
1950	2月	廖文毅ら京都で台湾民主独立党を結成、在日台湾独立運動の開始。
	6月	朝鮮戦争勃発し米は台湾海峡中立化を宣言、第七艦隊を派遣、国府への援助を復活させる。
1951	2月	米華共同防衛相互援助協定調印。
	5月	米の軍事顧問団が執務開始。
1952	4月	日華平和条約調印。
	10月	中国青年反共救国団設立、蒋経国が主任に就く。
	12月	日本語と台湾語の教学を厳禁。
	12月	鹿窟事件、大陸側からの工作基地となっていた台北県の鹿窟を軍が包囲して大量逮捕、村は廃墟化。
1954	7月	外国人投資条例公布、外資導入のための優遇政策のはじまり。
	9月	金門で大陸と砲撃戦、第1次台湾海峡危機。
	12月	米華相互防衛条約調印。
1956	2月	廖文毅を中心に東京で台湾共和国臨時政府樹立。
1957	4月	日華協力委員会が設立。
	6月	岸信介日本首相が訪台。
	6月	中国で反右派闘争開始、謝雪紅粛清。
1958	8月	金門で激しい砲撃戦、第2次台湾海峡危機。
	10月	蒋介石・ダレス共同声明で武力による大陸反攻を放棄、米側では「一つの中国・一つの台湾」論が浮上。

1960	4月	王育徳・黄昭堂を中心に台湾青年社（後の台独聯盟）が東京で『台湾青年』創刊。
	9月	国府体制批判を行ない反対党結成を予告した『自由中国』停刊、雷震逮捕され10年の徒刑。
1961	9月	国府批判をした雲林県議の蘇東啓が支持者二百余人とともに逮捕、蘇は15年投獄。
1962	1月	東京の台湾共和国臨時政府を支援した容疑で台湾で二百余人が逮捕。
	7月	史明（52年から滞日）が社会主義台湾民族独立論の『台湾人四百年史』を東京で出版。
	8月	廖文毅の台湾民主独立党が東京で分裂。
	9月	日中間で総合貿易に関する覚書調印、日中ＬＴ貿易はじまる。
1963	11月	ケネディ米大統領暗殺。
1964	1月	中国からの訪日団員の周鴻慶が台湾逃亡、日本亡命などを求めたが日本政府は中国に送還、日華関係悪化。
	1月	王育徳『台湾　苦悶するその歴史』東京で発行。
	1月	フランスが中国承認、国府は断交。
	1月	台湾人兵士12人が虎尾の兵営で反乱、銃撃戦で兵士数百人射殺、新竹では装甲部隊副司令官のクーデター未遂事件。
	2月	日華関係改善のため日本元首相吉田茂が特使として訪台。
	7月	『台湾青年』グループのスパイ査問事件で幹部七人が逮捕・起訴。
	9月	彭明敏台大教授と教え子の謝聡敏、魏廷朝が「台湾人民自救宣言」を印刷、頒布直前に逮捕、徒刑10年から8年、彭だけは国際世論の反発で翌年特赦出獄。
	10月	中国が初の原爆実験成功、大陸反攻に引導。
1965	1月	蔣経国が国防部長に就任し政治の表舞台へ登場。
	4月	日本と一億五千万米ドルの円借款供与協定に調印。
	5月	廖文毅が国府に投降し帰国。
	6月	米の経済援助打ち切り。
	7月	高雄輸出保税加工区を設立、進出企業の申請受付開始、外資メーカーの進出誘導。
	11月	中国で文化大革命はじまる。
1967	3月	在日台湾人呂伝信が強制送還前日に横浜入国者収容所

		で自殺。
	8月	「張・林事件」、日本入管が台独聯盟幹部二人に強制退去を命じたがハンスト抗議中に東京地裁が送還の執行停止命令を出し未遂に終わる。入管側は後に敗訴。
	9月	日本首相佐藤栄作訪台。
	10月	日本政府の法相と入管局長が国府に招かれ在日台独派など政治犯の強制送還密約を結ぶ。
	11月	蒋経国訪日。
1968	2月	陳玉璽が台湾に強制送還。
	3月	台独聯盟幹部の柳文卿が台湾に強制送還。
	5月	謝雪紅が文革で紅衛兵の引き回しにあい殴打され、70年11月死亡。
	8月	台独派の「全国青年団結促進会」弾圧事件、台北市議会議員林水泉、東京大学留学生の顔尹謨と劉佳欽など二七四人が逮捕。
1969	3月	出入国管理法案が日本国会に提出、華僑青年闘争委員会結成、入管闘争はじまる。
	4月	在日華僑青年の李智成が入管法案に抗議の服毒自殺。
	6月	蒋経国が行政院副院長（副首相）に就任。
1970	1月	軟禁中の彭明敏が秘密裏に台湾を脱出、スウェーデンから米へ渡り独立運動を開始。米日欧と島内の台独組織が合同して台湾独立聯盟（総本部は米）結成。
	1月	林景明『知られざる台湾』日本で発行、同時に政治犯不引渡を求める退去令取消訴訟を起こす。
	4月	アムネスティ日本支部設立。
	4月	在米の台独聯盟の盟員、黄文雄（在日台独派の評論家とは同姓同名の別人）が訪米中の蒋経国を狙撃、弾丸は外れる。蒋経国は帰途に訪日、黄は7月に保釈。
	6月	在日台湾人留学生の劉彩品支援運動はじまる（71年7月に劉は中国に渡る）。
	7月	華青闘「七・七告発」。
1971	1月	『朝日新聞』が日中国交正常化と台湾問題処理を提言（「朝日提言」）、日本マスコミの「中国ブーム」を主導。
	2月	謝聡敏、魏廷朝らが叛乱罪で逮捕。
	4月	台湾で釣魚台保衛運動はじまる。4月と6月に学生千人近くが米日の大使館に抗議デモ。
	7月	大阪で在日中国人の保母徐翠珍支援運動（国籍条項撤

		廃）はじまる。
	7月	米のキッシンジャーが秘密訪中、ニクソン米大統領の翌年の訪中決定を発表。
	10月	『大学雑誌』が「国是諍言」を発表、知識青年層が内政改革を提言。
	10月	国連の中国代表権が中華民国から中華人民共和国に交代、国府の国連追放。
	12月	台湾キリスト教長老教会が台湾住民の自決を求める「国是声明」を発表、民主化を訴える。
1972	1月	台大から社会服務団運動はじまる。
	2月	ニクソン米大統領が訪中、米中共同コミュニケ発表。
	3月	台独聯盟前委員長の辜寛敏が国府に投降。
	6月	蔣経国が行政院長に就任、台湾人を中心に若手政治家を抜擢、台大教授李登輝が入閣して政界入り。
	9月	日本首相田中角栄が訪中し日中国交正常化、日華平和条約廃棄、日台断交。
	12月	日本は台湾に財団法人交流協会を、台湾は日本に亜東関係協会を開設して交流窓口とする。
1973	2月	台大哲学系事件、『大学雑誌』左派の学生運動指導者の逮捕・弾圧。3月、自民党国会議員を中心に日華関係議員懇談会が発足。
1974	8月	『サンケイ新聞』で「蔣介石秘録」連載開始（～76年末）、国民党紙『中央日報』でも訳稿の連載を開始。
	12月	モロタイ島で台湾原住民族の元日本兵、中村輝夫（スニオン）発見される。
1975	1月	台湾語のローマ字聖書没収、キリスト教徒の民主化運動弾圧。
	2月	日本で王育徳らが台湾人元日本兵への補償要求運動を始める。
	4月	総統蔣介石死亡、蔣経国は国民党主席に就任。
	8月	反体制誌『台湾政論』発刊（12月に発禁）。
1976	1月	台独聯盟島内グループが高雄で高圧送電塔を爆破、台湾南部一帯を停電させ反政府勢力の存在を示す。
	2月	反体制左派文芸誌『夏潮』発刊。
	4月	反体制政治家の郭雨新が米に出国。
	7月	反体制誌『這一代』発刊。
	7月	送電塔爆破事件容疑者の陳明財が小舟で日本に逃亡、

		渡米。
	10月	台独聯盟の王幸男が国民党要人の暗殺をはかって小包爆弾を送り、台湾省主席謝東閔が重傷、王は出国逃亡後翌年1月に帰国し逮捕。
1977	5月	元『台湾政論』関係者の張金策・呉銘輝が日本に逃亡、渡米し翌月米議会の公聴会に出席し国府の弾圧を証言。
	7月	東京で「台湾の政治犯を救う会」結成。
	8月	台湾キリスト教長老教会が「人権宣言」を発表、世界に向けて台湾を新しい独立国家とすることを主張。
	8月	郷土文学論戦はじまる（～78年）。
	11月	統一地方選挙で国民党外の候補が躍進、桃園県長選挙をめぐり中壢事件発生、不正選挙が発覚し民衆が暴動を起こす、鎮圧軍は発砲命令を拒否。
1978	2月	在米の郭雨新が総統選立候補表明。
	3月	蒋経国が総統に当選・就任、謝東閔が台湾人初の副総統に就任。
	8月	日中平和友好条約調印。
	11月	国民党外の反体制政治家の支援組織、党外人士助選団が結成。
1979	1月	米中国交正常化、米台断交、在台米軍は撤退。
	1月	『這一代』『夏潮』発禁。
	4月	米議会が「台湾関係法」制定、民主化を要請。
	5月	反体制穏健派の雑誌『八十年代』発刊（12月に発禁）。
	8月	反体制急進派の雑誌『美麗島』発刊（12月に発禁）、事実上の政党活動を各地で展開。
	12月	美麗島事件で党外運動の指導者大量逮捕。
1980	2月	美麗島事件で逮捕された林義雄の家族惨殺事件。
	4月	美麗島事件「主犯」施明徳の逃亡を幇助したとして台湾キリスト教長老教会を弾圧。
	12月	ハイテク産業の「新竹科学工業園区」（台湾のシリコンバレー）操業開始。
1981	7月	米のカーネギー・メロン大学助教授の陳文成が台独派支援容疑で警備総司令部に連行され翌日惨殺死体が台湾大学図書館裏で発見。
	10月	中華民国建国70周年を産経グループが日本で大々的に賛美報道。
1982	8月	在日台独派を題材にした丸谷才一『裏声で歌へ君が代』

		日本で発行、ベストセラーに。
1983	11月	米上院外交委員会で「台湾の前途決議」採択、以後米議会での台湾民主化要請つづく。
1984	3月	蒋経国が総統に再選、台湾省主席の李登輝が副総統に就任。
	10月	『蒋経国伝』著者の江南が米の自宅で暗殺。88年に台湾マフィアの犯人がカルフォルニア州の裁判所で暗殺は蒋経国の次男・蒋孝武（亜東協会代表などを務める）の命令で実行したと証言。
1985	8月	蒋経国が蒋孝武の江南暗殺事件関与の風聞を背景に蒋家の者の権力継承はないと明言。
	8月	米大統領レーガンが台湾の民主化を勧告。
1986	6月	米上下院で台湾民主化決議、野党結成に声援。
	9月	戦後初の野党、民主進歩党結成、蒋経国は容認。
1987	2月	米の民主党が民進党代表団を招待。
	2月	鄭南榕ら「二二八和平日促進会」結成、二二八事件のタブーを破る。
	7月	38年ぶりに戒厳令解除、国家安全法施行。
	7月	蒋経国が「私も台湾人だ」と発言。
	8月	台湾政治受難者聯盟総会結成、台湾独立を規約に採択、10月にその主唱者が逮捕される。
	9月	日本国会で台湾人元日本兵戦病死者遺族と重傷者に弔慰金支払の法案が可決。
	11月	中国大陸への里帰りをする親族訪問旅行が解禁。
1988	1月	新聞の新規発行禁止が解除。
	1月	総統蒋経国死亡、李登輝が総統に昇格、台湾人総統の誕生。
	5月	農民デモを弾圧、130余人逮捕。
	8月	台湾原住民族の「われわれに土地をかえせ」の大デモ。
	12月	台独聯盟の「台湾共和国憲法草案」が雑誌『自由時代』に掲載。
	この年	「高所得国家」の列に入り、資本輸入国からアジアで日本に次ぐ資本輸出国になる。企業総数の約98％77万社が中小企業。
1989	4月	雑誌『自由時代』主宰の鄭南榕が叛乱罪での逮捕に抗議し焼身自殺。
	9月	二二八事件を題材にした映画『悲情城市』ベネチア映

		画祭でグランプリ受賞、10月から台湾で上映され空前の大ヒット。
	12月	戒厳令解除後初の統一選挙、民進党が立法委員21人、県長6人当選で躍進。台独聯盟幹部は「密入国」して選挙応援。
1990	2月	台湾各地で初の二二八事件紀念行事を挙行。
	3月	学生運動が復活、民主化要求で大規模な座り込みとハンスト。
	5月	李登輝が国民党内の反対勢力を抑え第8代総統に就任、記者会見で日本外交の台湾無視を激しく批判。
	6月	政治改革について超党派の「国是会議」開催。
1991	5月	憲法を棚上げする根拠であった動員戡乱臨時条款が廃止、中国政府の大陸統治を承認。
	5月	弾圧の根拠であった懲治叛乱条例が正式に撤廃。
	12月	台湾逃亡前に大陸で選出された第一期国会議員（万年議員）が総退職、大陸統治の擬制を撤去。
	12月	台独聯盟が総本部を台北に移転。
	12月	韓国人元日本軍「慰安婦」三人が日本政府の謝罪と補償を求めて東京地裁に提訴、初めて「慰安婦」問題が公に取りあげられる。
1992	1月	日本軍が軍慰安所設置を指示した公文書の発見で日本政府は謝罪談話を発表。
	8月	台北市婦女救援基金会の元日本軍「慰安婦」調査に名乗り出た元「慰安婦」のうち三人が初の記者会見、日本政府に謝罪と賠償を要求。
	12月	初の立法委員全面改選の総選挙、民進党52議席で躍進
1993	2月	連戦が行政院長に就任、初の台湾人首相。李登輝が国民党政府を全面掌握。
	4月	中台がシンガポールで会談。
	4月	政治犯皆無の状態になる。
	8月	国民党反李登輝派の外省人新世代が「新党」を結成
1994	2月	総統李登輝の東南アジア歴訪。
	2月	東京で「台湾の政治犯を救う会」が解散。
	4月	李登輝の司馬遼太郎との対談が『週刊朝日』で発表、国府を外来政権として「台湾人に生まれた悲哀」を語り大反響。
	7月	映画『多桑』公開。

	12月	台北・高雄両直轄市と台湾省の初の住民直接選挙、台北市長に陳水扁、台湾省長に宋楚瑜が選出。
	この年	広島でのアジア大会への李登輝出席問題が浮上、以後頻繁に再燃。
1995	2月	台北で二二八記念碑落成、李登輝は総統として遺族に謝罪。
	6月	李登輝が私人として訪米、母校コーネル大学で講演。
	8月	台北で元日本兵が補償要求デモ。
	12月	立法委員選挙で民進党54議席、伸び悩み、新党21議席で躍進。
1996	3月	初の総統直接民選で李登輝が当選。中国は選挙前に台湾海峡で実弾演習、高雄沖へミサイル発射。米は空母を派遣し近海を航行。
	4月	川崎市が条件付きながら職員採用の国籍条項を日本の自治体で初めて撤廃。「戦後50年」を機にした前年からの撤廃の動きを加速化。翌97年4月には神奈川県が全自治体で国籍条項を撤廃した初めての県となる。
	6月	軍事郵便貯金・未払給与問題をめぐり原住民族など元日本兵が台北の日本側代表機関・交流協会を襲撃。
	8月	金美齢「台湾で生きている「日本精神」」が『新潮45』に掲載。
	12月	民進党から台独急進派が分裂し建国党結成。
	12月	日本で「新しい歴史教科書をつくる会」設立、日本軍「慰安婦」の記述を学校教科書から削除する運動を開始。
1997	8月	公立中学の教科書『認識台湾』試用本の歴史・地理・社会の各篇が発行。台湾史の事実上の国史化を象徴。
1998	12月	台北市長選で外省人二世の国民党馬英九が当選、陳水扁落選。立法委員選では国民党123、民進党70、新党11。
	12月	「台湾省」廃止へむけた省政府簡素化の作業が始動。
1999	7月	李登輝が中台関係を「特殊な国と国との関係」とする「二国論」を発表、中国側は反発。
	9月	台湾中部大地震で2400人以上死亡。
2000	3月	総統選挙で陳水扁当選、李登輝は国民党主席を辞任、僅差で敗れた国民党非主流派の宋楚瑜は親民党結成。
	5月	陳水扁政権発足、台独聯盟の黄昭堂・金美齢は国策顧問に就任。
	7月	在日台湾同郷会会長の林建良が『正論』誌上で旧来の

		「親台派」に換わる日台関係再構築を提言。
	10月	米上下院で台湾の国連加盟支持を決議。
	10月	日台国際会議「アジア・オープン・フォーラム」への出席を希望していた李登輝が訪日断念。
	11月	小林よしのり『台湾論』日本で発行
2001	2月	小林『台湾論』中国語版発行、元日本軍「慰安婦」への誹謗などで非難が起こり3月2日に台湾入管が小林に入境禁止処分、同月23日解除。
	3月	日本『正論』誌上で西尾・小林台湾論争はじまる。
	5月	病気治療を理由に李登輝が来日。
	7月	日本で小林よしのり・金美齢『入国拒否』発行。
	8月	李登輝を中心にした政党、台湾団結連盟が結成、年末の立法委員選へむけ民進党との連携を追求。

森　宣雄（もりよしお）
1968年横浜市生まれ。日本学術振興会特別研究員（大阪大学大学院文学研究科配属）
著書
『台湾大地震　1935年中部大震災紀実』（呉瑞雲との共著）遠流出版公司、台北、1996年。

台湾／日本—連鎖するコロニアリズム

2001年9月28日　第1刷発行
著　者　森　　宣　　雄
発行人　深　　田　　卓
装幀者　藤　原　邦　久
発　行　㈱インパクト出版会
東京都文京区本郷 2-5-11 服部ビル2F
Tel 03-3818-7576 Fax 03-3818-8676
E-mail：impact@jca.apc.org
URL：http://www.jca.apc.org/~impact/
郵便振替　00110-9-83148

印刷・製本　モリモト印刷